Anne Holm
Ich bin David

Dieser Band ist auf 100% Recyclingpapier gedruckt.
Bei der Herstellung des Papiers wird keine Chlorbleiche verwendet.

Anne Holm, 1923 geboren, verlor mit drei Jahren ihre Eltern und wuchs bei Pflegeeltern in einer dänischen Provinzstadt auf. Sie war zwanzig Jahre alt, als sie ihren ersten Gedichtband schrieb, später schlossen sich einige Romane an. Der große Erfolg aber, der sie wohl selbst erstaunte, kam mit ihrem Jugendbuch ›Ich bin David‹. Übersetzungen erschienen in zwölf Ländern, im englischen Radio und Fernsehen wurde die Erzählung als Serie gesendet. Das Buch erhielt den 1. Preis im skandinavischen Jugendbuchwettbewerb.
Frau Holm ist mit einem bekannten Münzkundler verheiratet und hat einen erwachsenen Sohn aus erster Ehe. Sie wohnt in einer nördlichen Vorstadt von Kopenhagen am Öresund, ist aber viel unterwegs, denn Reisen gehört zu ihren liebsten Beschäftigungen.

Anne Holm

Ich bin David

Aus dem Dänischen von Senta Kapoun

Deutscher
Taschenbuch
Verlag

dtv

Titel der Originalausgabe: David

Dieses Buch erschien 1972 als bt Jugendtaschenbuch im Verlag Sauerländer, Aarau/Frankfurt a. M.

März 1976
16. Auflage Februar 1993
Deutscher Taschenbuch Verlag GmbH & Co. KG, München
Lizenzausgabe mit Genehmigung des
Verlags Carl Ueberreuter, Wien
ISBN 3-7941-0151-0
Umschlaggestaltung: Klaus Meyer
Umschlagbild: Sita Jucker
Gesetzt aus der Aldus 10/11·
Satz: IBV Lichtsatz KG, Berlin
Druck und Bindung: Ebner Ulm
Papier: ›Recycling Book-Paper‹,
Steinbeis Temming Papier GmbH, Glückstadt
Printed in Germany · ISBN 3-423-07801-4

1

David lag ganz still im Dunkeln und lauschte dem leisen Murmeln der Männer. An diesem Abend achtete er nicht auf das, was sie sprachen. Er war sich nur ihrer Stimmen bewußt, die wie ein leises Geräusch aus weiter Ferne zu ihm drangen.

»Heute nacht mußt du fliehen«, hatte der MANN gesagt. »Halte dich wach, damit du bereit bist, wenn die Wachen abgelöst werden. Wenn du siehst, daß ich ein Streichholz anzünde, ist der Strom ausgeschaltet. Dann kannst du hinüberklettern. Eine halbe Minute hast du Zeit – nicht mehr.«

David sah wieder den kahlen grauen Raum vor sich, den er so gut kannte. Er sah den MANN, spürte für einen Augenblick wieder den Klumpen von Haß in seiner Kehle, den er immer fühlte, wenn er ihn sah; die kleinen hellen, garstigen Augen, die nie einen anderen Ausdruck annahmen; das große, dicke und doch eckige Gesicht. David hatte ihn sein ganzes Leben lang gekannt, aber er hatte nie mehr mit ihm gesprochen, als das, was notwendig war, um seine Fragen zu beantworten; und obwohl er seinen Namen kannte, solange er zurückdenken konnte, nannte er ihn nie anders als »DER MANN«, wenn er von ihm sprach oder an ihn dachte. Seinen Namen zu nennen, wäre einer Berührung gleichgekommen, und er hätte sich auch von den anderen nicht mehr unterschieden.

Heute abend aber hatte er mit ihm gesprochen.

»Und wenn ich nicht fliehe?« hatte er gefragt.

Der MANN hatte die Schultern gezuckt. »Das geht mich nichts mehr an. Ich muß morgen von hier fort. Und was mein Nachfolger mit dir tun wird, ist nicht meine Sache. Aber du bist nun bald ein großer Junge, und Arbeitskräfte werden überall gebraucht. Oder vielleicht meint er auch, daß du noch nicht groß genug bist und daß es nicht der Mühe wert ist, dich weiter zu füttern.«

David wußte sehr wohl, daß »überall« nichts Besseres bedeutete als das Lager hier. – »Und wenn ich entkomme, ohne gefaßt zu werden, was dann?« hatte er gefragt.

»Du kennst das Gebüsch drüben am Weg zu den Minen. Dort steht ein großer Baum, und daneben wirst du eine Flasche mit Wasser finden und einen Kompaß. Gehe nach dem Kompaß in südlicher Richtung, bis du ans Meer kommst. Gehe an Bord eines Schiffes und verstecke dich, wenn niemand dich sieht. Das Wasser wirst du brauchen, weil du dich während der Fahrt versteckt halten mußt. Suche dir ein Schiff aus, das nach Italien fährt, und wenn du dorthin kommst, dann gehe immer nach Norden, bis du ein Land erreichst, das Dänemark heißt. Dort wirst du in Sicherheit sein.«

Fast hätte David seine Überraschung verraten, aber er hatte sich zusammengenommen und nur gesagt: »Ich kenne keinen Kompaß.«

Der MANN hatte ihm einen gezeigt und ihm erklärt, daß die vier Buchstaben die vier Himmelsrichtungen bedeuten und daß der Pfeil, der sich bewegt, stets richtig anzeigt. Dann hatte er hinzugefügt: »Die halbe Minute, in welcher der Strom ausgeschaltet ist, muß dir genügen. Solltest du jedoch jemand von den anderen mitnehmen, kannst du sicher sein, daß keiner von euch entkommt! Und jetzt verschwinde, bevor dich jemand vermißt.«

David wußte nicht, was den MANN dazu bewogen hatte, so zu sprechen. Er hatte ihn noch nie um etwas gebeten, weil er wußte, daß es keinen Sinn hatte. Vor allem aber hatte er es nicht getan, weil er nicht wollte. Einen Menschen, den man haßt, bittet man um nichts. Heute abend jedoch hatte er es getan. An der Tür hatte er sich umgedreht und in das böse, dicke Gesicht hineingesprochen: »Ich möchte gern ein Stück Seife haben.«

Einen Augenblick lang war es in dem kahlen grauen Raum ganz still gewesen. Dann hatte es ausgesehen, als wollte der MANN etwas erwidern. Aber er hatte es nicht getan. Statt dessen hatte er vom Waschbecken in der Ecke ein Stück Seife genommen und es über den Tisch geworfen. Das einzige, was er gesagt hatte, war: »Geh schon.«

Da war David gegangen – so schnell er eben gehen konnte, ohne dem MANN zu zeigen, daß er sich beeilte.

Das Murmeln der Männer war schwächer geworden. Einige waren bereits eingeschlafen. Nur der letzte Neuankömmling redete noch. David erkannte seine Stimme; sie war noch nicht so trocken und rauh geworden wie die der anderen. Bald nach dem Einschlafen würde dieser Mann Alpträume bekommen und die anderen dadurch wecken. Gestern abend war dies während der Wachablösung geschehen; aber wenn er heute später einschlief, konnte David hinausgelangen, ehe er die anderen weckte.

David war sich noch nicht ganz schlüssig, ob er den Versuch wagen sollte. Er versuchte herauszubekommen, weshalb der MANN gesagt hatte, er solle es tun. Sicher war es eine Falle. Während er hinüberkletterte, würden ihn die Scheinwerfer plötzlich treffen, und dann würden SIE schießen. Vielleicht sollte morgen etwas Gutes geschehen, und der MANN wollte David vorher erschießen lassen. David hatte immer gewußt, daß der MANN ihn haßte – genauso sehr, wie David ihn haßte. Andererseits konnte sich David nicht erinnern, daß sich im Lager jemals etwas Gutes ereignet hätte; und er befand sich nun schon seit zwölf Jahren dort. Das stand auf seiner Nummer.

Plötzlich beschloß David, es zu tun. Viele Gedanken wirbelten und brannten in seinem Kopf. Trotzdem war es unmöglich, herauszufinden, weshalb der MANN so gesprochen hatte. David hatte keine Lust zu flüchten, denn es konnte nur eine Frage der Zeit sein, wann sie ihn wieder ergreifen würden. Falls es jedoch eine Falle war und sie schossen, dann war wenigstens alles für immer überstanden. Von dem Augenblick an, in dem man bei einem Fluchtversuch erschossen wurde, bis zu dem Moment, in dem man tot war, verging nicht einmal eine Minute. Ja, David beschloß, es zu versuchen.

Es konnte nicht mehr allzulange dauern. Drüben in der Mannschaftsbaracke hörte er die Wache lärmen. Sie kleideten sich an. Karels Schritte waren langsamer geworden. David konnte hören, wie er gähnte. Dann erklangen neue Schritte. David drückte sich noch fester gegen die Wand. Es war der MANN. Das schwache, fahlgelbe Licht aus der Baracke beleuchtete für einen Augenblick sein Gesicht, als er am Fenster vorbeiging. Dann schritt er auf Karel zu. David fühlte sich mit einemmal innerlich ganz leer. Er war überzeugt davon, daß er nicht in der Lage sein würde, sich zu bewegen, wenn der Augenblick gekommen war. Dann sah er die nicht enden wollende Kette von Tagen, Monaten und Jahren vor sich, die vergehen würden, falls er es nicht tat. Schließlich würde er sterben; aber das konnte lange dauern. Wenn man nicht bereits alt war, konnte viel Zeit vergehen. Das hatte er bei den anderen beobachtet. Alles würde immer schlimmer und schlimmer werden. David biß die Zähne fest zusammen, daß es hinten im Genick weh tat. Da strich der MANN das Zündholz an.

Neunzehn, zwanzig. Eine halbe Minute, das war soviel Zeit, wie man benötigte, um langsam bis dreißig zu zählen. David setzte den Fuß auf den Stacheldraht. Wann würden die Scheinwerfer aufblenden? Im Dunkeln konnten SIE ihn nicht mit Sicherheit treffen – und wenn sie sich nicht beeilten, kam er ja hinüber.

Dann hatte er den Boden auf der anderen Seite erreicht, und während er lief und lief, sagte er wütend zu sich selbst: »Wie dumm du bist; es gibt doch noch Platz genug – das große freie Feld, wo nicht einmal ein Baum dich schützen könnte. SIE warten, bis du das Gebüsch fast erreicht hast. Es ist eine größere Genugtuung für SIE, wenn du glaubst, du wärst in Sicherheit.«

Seine Ohren sausten. Die ganze Zeit erwartete er, daß der Boden vor ihm sich erhellen würde. Weshalb beeilten SIE sich nicht? Dann blieb er stehen. Er wollte nicht mehr laufen. Wenn ihn die Scheinwerfer erreichten, sollten SIE sehen, daß er ganz ruhig weiterging. SIE würden sich betrogen fühlen und weniger Freude empfinden. Der Gedanke erfüllte David mit Triumph.

Seine ganze Kindheit hindurch war es sein brennendster Wunsch gewesen, SIE zu besiegen – vor allen Dingen den MANN. Und nun würde er siegen! SIE würden gezwungen sein, ihn zu erschießen. SIE würden ihn erschießen und dabei zusehen müssen, wie er ganz ruhig weiterging und es geschehen ließ!

David war so beschäftigt mit seinem Sieg, daß er das schützende Gebüsch längst erreicht hatte, bevor er sich darüber klarwurde, daß niemand geschossen hatte. Er blieb jäh stehen. Was konnte geschehen sein? Er wandte sich um, fand eine Stelle, an der ihm das Dickicht einen Durchblick gewährte, und schaute hinüber zu den niedrigen Gebäuden, die sich gegen den dunklen Himmel abhoben wie ein düsterer Fleck Finsternis. Ganz schwach konnte er die Schritte der Wache hören; aber sie näherten sich ihm nicht. Sie klangen nicht anders als gewöhnlich. Sie waren nur weiter entfernt. Es gab überhaupt nichts, das anders war, kein Anzeichen dafür, daß Gefahr in der Luft lag.

David runzelte die Stirn in der Dunkelheit und stand einen Augenblick ratlos da. Es konnte doch nicht möglich sein! Er lief an den Sträuchern entlang auf den großen Baum zu, immer schneller, je mehr er sich ihm näherte, und als er den Baum erreicht hatte, warf er sich auf die Erde und tastete ungestüm mit den Händen den Stamm ab.

Dort lag ein Bündel. David lehnte sich an den Baum. Er zitterte vor Kälte, obwohl es gar nicht kalt war. Ein Stück Stoff war um etwas herumgewickelt und mit einem Knoten zugebunden. Er versuchte den Knoten zu lösen, aber die Finger wollten ihm nicht gehorchen. Ganz plötzlich wußte er, daß er nicht den Mut hatte, das Bündel zu öffnen. Er würde irgend etwas Entsetzliches darin finden. Er bemühte sich, seine Gedanken zu sammeln und zu überlegen, was es sein könnte; aber seine Phantasie reichte nur für eine Bombe aus.

Es ist ja auch gleichgültig, dachte er. Eine Kugel oder eine Bombe – beides geht schnell. Hastig und mit ungelenken Fingern zerrte er an dem Knoten.

Es war jedoch keine Bombe in dem Tuch. Es war ein viereckiges Stück Stoff, und es war kreuzweise über einer Wasserflasche und einem Kompaß zusammengebunden; so, wie der MANN es gesagt hatte.

Erst jetzt fiel es David ein, daß er ja leicht hätte an dem Bündel vorbeigehen können. Schließlich war er allein. Niemand hätte ihn zwingen können, es zu öffnen. Er konnte sich gerade noch ein wenig abwenden; dann mußte er sich übergeben.

Danach tastete er das Rechteck vorsichtig ab. Eine Flasche, ein Kompaß – es war aber noch etwas da. Davids Augen hatten sich längst an die Dunkelheit gewöhnt. In dem Bündel befand sich noch eine Schachtel Streichhölzer, ein großes Stück Brot und ein Taschenmesser.

Er sollte also wirklich fliehen! Morgen würde der MANN ihn suchen lassen. Morgen. Aber nicht früher. Die Nacht gehörte ihm, und es hing von ihm selbst ab, wie er sie nützte.

Das alles hatte nur wenige Minuten gedauert, aber David hatte ein Gefühl, als wären bereits Stunden verflossen. Er machte eine Faust um die Seife; sie hatte ihn nicht einen Augenblick verlassen, seit er sie bekommen hatte. Er dachte an die Stunden, die er heute abend auf der Pritsche verbracht hatte; an das Murmeln der Männer und an seine eigenen Gedanken über die Worte des MANNES. Er dachte auch daran, daß es lediglich eine Frage der Zeit war, wann SIE ihn wieder fangen würden. Aber all das schien ihn kaum noch zu berühren. Das einzige, was noch bestand, war das Bündel, das er besaß, und die Nacht, in der er gehen konnte, wohin er wollte. Langsam wickelte er das Stück Seife in das Tuch, legte die Flasche, das Brot und das Messer darauf und band es zu, nahm den Knoten fest in die Hand und sah auf den Kompaß.

Dann ging er.

Von den folgenden fünf Tagen behielt er nur in Erinnerung, daß er gegangen war und dabei auf den Kompaß geschaut hatte, um den Weg nicht zu verfehlen. Jede Nacht wanderte er – die ganze Nacht hindurch. Einmal fiel er in ein Wasserloch, so daß der Schlamm in dicken Klumpen an ihm haften blieb, als er getrocknet war. Einmal mußte er sich durch dichtes Gestrüpp kämpfen, daß ihm das Blut übers Gesicht, Hände und Beine lief. Diese Nacht würde er nie vergessen können. Er hatte ein dorniges Dickicht erreicht, und der Pfeil zeigte ihm, daß er es durchqueren mußte. Einen Augenblick lang hatte er gezögert und versucht, das Gesträuch zu umgehen. Doch sofort drehte sich der Pfeil im Kompaß. Vielleicht hätte er etwas später den Weg wieder gefunden; aber er scheute das Risiko; er wußte zu wenig über den Kompaß. Mit vorgestreckten Ellbogen hatte er versucht, sein Gesicht zu schützen, und hatte sich durchgekämpft. Der erste Ast, der ihn traf, tat entsetzlich weh, und auch die erste Schramme auf den Armen. Dann fühlte er nichts mehr; er mußte einfach hindurch. Sonst waren die Nächte immer ruhig gewesen. Aber in dieser Nacht hatte er die ganze Zeit wimmernde, schluchzende Laute vernommen. Erst hinterher wurde ihm klar, daß das Geräusch von ihm selbst gekommen war.

Immer nur laufen –; manchmal so langsam, daß er Stunden brauchte, um nur ein kleines Stück vorwärtszukommen; manchmal so schnell, daß es in ihm dröhnte. Jeden Morgen, wenn es hell wurde, legte er sich schlafen. Es war nicht so schwierig, in dieser dünn besiedelten Gegend eine Schlafstätte zu finden. Aber David hätte später nicht sagen können, wie es dort ausgesehen hatte. Die Landschaft existierte kaum für ihn; sie war nichts als ein Ort, wo man nachts laufen und sich tagsüber verstecken mußte.

Zwei Dinge blieben ihm in Erinnerung, denn es waren Augenblicke, in denen seine Furcht sich zu messerscharfer Angst verstärkte, in denen er das Gefühl hatte, sie durchbohre ihn ganz und gar. Das eine geschah eines Abends, als es dunkel wurde. David erwachte davon, daß etwas Warmes, Zottiges seine Hand berührte. Steif vor Angst war er liegengeblieben. Es hatte mehrere Minuten gedauert, bis er sich überwinden konnte, den Kopf zu drehen. Und dann war es nur ein Schaf gewesen.

Sicher war allein schon dies gefährlich genug, denn wo

Schafe sind, gibt es wahrscheinlich auch Menschen. David wagte erst viele Stunden später wieder zu verschnaufen.

Später in der Nacht jedoch sollte er sich noch über die Schafe freuen. David war es gewöhnt, das letzte aus sich herauszuholen und sich mit sehr wenig Nahrung zu begnügen. Er war mit Wasser und Brot so sparsam wie möglich umgegangen; aber nach zwei Tagen war die Flasche trotzdem leer und das Brot verzehrt. Das Brot konnte er zur Not entbehren, aber der Durst quälte ihn sehr. Schließlich konnte er fast an nichts anderes mehr denken als an Wasser; aber wo sollte er welches herbekommen?

Da wäre er beinahe über zwei Hirten gestolpert, die, eingehüllt in ihre Mäntel, auf dem Erdboden schliefen. Sein Herz, das sonst die ganze Nacht hindurch laut hämmerte, hörte eine Sekunde auf zu schlagen, so erschrocken war er. Aber er war rechtzeitig stehengeblieben. Nackte Füße machen keinen Lärm, und die Männer hatten nichts gehört.

Unendlich langsam entfernte sich David. Da entdeckte er im Mondschein einen zugedeckten Topf und die Überreste eines niedergebrannten Feuers. Essen! Und wo es Essen gab, gab es vielleicht auch Wasser!

In dieser Nacht kam David nicht weiter. Er hatte in sicherer Entfernung bis zum Morgen gewacht; weit genug, um fliehen zu können, falls es notwendig wurde; und nahe genug, um schnell zurückkehren zu können, wenn die Hirten am Morgen außer Sichtweite waren. Er war überzeugt davon, daß sie hier ihr ständiges Nachtlager hätten, denn sie ließen ihre Bündel und ihren Topf stehen. Vielleicht würden sie sogar sehr bald zurückkommen. Aber David beschloß, es zu wagen. Ohne Essen oder zumindest ohne Wasser konnte er nicht mehr lange durchhalten. Er wußte genau, was einem Menschen geschah, dem man Nahrung und Wasser entzog.

Doch was zum Verhängnis hätte werden können, endete als Glück. In dem Topf war noch etwas Suppe, und in dem Bündel fand er einen Laib Brot. Das Bündel war nicht sehr ordentlich geschnürt; also brach David etwas von dem Brot ab und ließ ein kleines Stück übrig. Dann füllte er seine Flasche mit der Suppe und deckte den Topf wieder zu. Danach stieß er ihn mit dem Ellbogen um. Er wußte nicht, ob Schafe Brot und Suppe essen; aber wenn dies der Fall war, hatte er sein möglichstes getan, um den Anschein zu erwecken, sie hätten den Schaden verursacht.

Von jener Nacht an hatte er darauf geachtet, gleichmäßiger zu laufen und früher zu verschnaufen. Dafür wollte er etwas weniger schlafen. Er durfte es nicht riskieren, noch einmal so müde zu werden, daß er nichts mehr sah, sondern nur noch vorwärtstaumelte.

David kroch vorsichtig weiter. Zum zweiten Male war er in die Nähe eines Dorfes gekommen, und zum zweitenmal zwang ihn der Kompaß, eine Landstraße zu überqueren. Manchmal meinte er, den Kompaß zu hassen. Trotzdem wagte er nicht, ihm zuwiderzuhandeln. Es war fast, als wäre ihm ein Stück von dem MANN gefolgt.

Er hätte ihn fragen sollen, wie weit es bis zur Küste sei. Nun hatte er nur noch zwei Schlucke von der Suppe übrig und ein winziges Stückchen Brot.

Auf der Straße befanden sich Menschen. Das bedeutete, daß ihm nicht mehr viel von der Nacht zur Verfügung stand und daß er mit dem Weitergehen warten mußte, bis die Menschen weggegangen waren. Er sagte sich, daß er es ja die ganze Zeit hätte wissen müssen: daß er irgendwann auf menschliche Siedlungen stoßen würde. Er zwang sich, ganz ruhig liegenzubleiben. Aber er war nicht mehr müde; und wenn man nicht müde ist, fällt es entsetzlich schwer, stillzuliegen. Es war auch sehr schwer, an nichts zu denken, obzwar David wußte, daß er an nichts denken durfte. Er hatte es gelernt – seinerzeit. Die einzige Möglichkeit war, nichts zu beachten. Wohl mußte er alles sehen und hören, aber er durfte es nicht in seine Gedanken eindringen lassen; seine Gedanken durften um nichts anderes kreisen als um Regen und Sonnenschein, um die Frage, wie lange es bis zur nächsten Mahlzeit dauern würde und wie lange bis zur Wachablösung; aber er durfte sich nicht einmal wirklich dafür interessieren; er mußte nur seine Gedanken damit füllen, um anderen Fragen den Eintritt zu verwehren.

Seit jenem Abend, an dem er begonnen hatte zu laufen, waren die gewohnten Dinge, an die er sonst hatte denken können, verschwunden. Dafür hatte es neue Dinge gegeben. Dieses: die Nacht zu durcheilen und auf den Zeitpunkt zu achten, wenn die Finsternis ein wenig heller wurde und er ein gutes Versteck finden mußte, bevor es tagte. Dieses: das Bündel gut zu verwahren; nicht der Versuchung zu erliegen, doch ein Stück mehr zu essen oder noch einen Schluck von der Suppe zu nehmen. Dieses: den richtigen Weg einzuhalten, so daß die Kompaßnadel keine andere Stellung einnahm. – All dies eignete sich gut dazu, die Gedanken auszufüllen, so daß kein Raum für anderes Denken blieb. Aber stillzuliegen und trotzdem wach zu sein – das war gefährlich. Er begann über die Wahrnehmung nachzudenken, die er die ganze Nacht hindurch gemacht hatte; die Wahrnehmung, daß die Erde, auf der er ging, sich veränderte, daß sie hügeliger wurde; die Wahrnehmung, daß ihm möglicherweise Berge den Weg zur Küste versperren konnten.

Nicht denken; nur nicht denken! David ballte die Fäuste um ein Büschel Gras. An nichts denken! Sonst blieb zum Schluß nur ein Gedanke: daß er nicht mehr die Kraft hatte weiterzulaufen, und daß SIE sich schon viel zuviel Zeit gelassen hatten und ihn nun bald wieder greifen würden. Wieso hatten SIE ihn nicht in jener Nacht festgenommen, als er über die Brücke ging? Schwimmen konnte er nicht. Die Brücke war der einzige Ausweg. Er war überzeugt gewesen, daß SIE ihn nun erwischen würden. In all diesen langen Nächten und Tagen war dies der einzige ruhige, gute Augenblick: über die Brücke zu gehen und zu wissen, daß SIE nun kommen würden.

Aber es war niemand gekommen.

Davids Füße waren nicht mehr ein Teil seiner selbst. Obwohl er schon ganz abgestumpft war, taten die Füße noch immer, was sie wollten; sie schlichen lautlos, sicher; lenkten seinen Körper durch Schatten und über Hindernisse; verharrten beizeiten oder jagten ihn weiter, wenn er selbst sich am liebsten niedergelegt hätte, um zu warten, daß SIE ihn fingen.

Die Füße hatten ihn auch über die Brücke getragen.

Er biß die Zähne fest zusammen. Bis ans Meer! flüsterte es in ihm. Die Worte füllten ihn ganz aus. Geh nach Süden, bis du ans Meer kommst. An mehr darfst du nicht denken.

Er schrak zusammen, als ein Auto bremste. War er weit genug vom Weg entfernt?

Dann hörte er Stimmen. Er erschrak so sehr, daß er sich beinahe erhoben hätte. Er war an den Klang von Stimmen nicht mehr gewöhnt. Die letzten, die er gehört hatte, waren die von Karel und dem MANN gewesen.

Diese hier klangen anders – und sie näherten sich! David machte sich ganz schwer und schlaff. Auf diese Weise verursachte man kein Geräusch. Gleichzeitig dachte er daran, daß alles in wenigen Augenblicken überstanden sein würde.

Aber die Männer setzten sich nur in seiner Nähe nieder und zündeten sich Zigaretten an. Dann kam David allmählich zu Bewußtsein, daß sie nicht nach ihm suchten. Er begann auf ihr Gespräch zu achten. Es war schwer, sie zu verstehen. Sie sprachen anders als der MANN. Aber allmählich hörte David Worte heraus, die er kannte.

Es waren zwei Männer, die Lebensmittel transportierten. Er hatte solche Männer mit Vorräten ins Lager fahren sehen. Niemand hatte sie angehalten oder ihnen etwas getan. Jetzt stritten sie – aber nicht schlimm. Der eine wollte weiterfahren, der andre aber wollte erst einen Besuch in der Ortschaft machen, die David gesehen hatte. Schließlich bekam dieser seinen Willen, und der erste sagte, er wolle mitgehen, aber höchstens auf eine halbe Stunde, denn der Weg bis zum Hafen sei noch weit.

Die Worte waren wie ein Echo auf Davids eigene Gedanken. Dann wußte er von nichts mehr; nur daß er in dem Wagen saß und merkte, wie dieser zu fahren begann.

Die Männer waren auf das Dorf zugefahren, und Davids Füße hatten ihn ganz mechanisch hinter dem Wagen hergetragen.

Kurz vor dem Dorf war der Wagen stehengeblieben, und als die beiden Männer in einem Haus verschwunden waren, hatten Davids Füße ihr Tempo beschleunigt, bis er das Fahrzeug erreicht hatte.

Und nun fuhr er! In den Häusern hatte Licht gebrannt, doch hatte ihn niemand gesehen. Die Autotür war leicht zu öffnen gewesen, und obwohl der Laderaum ganz mit Kisten verstellt war, hatte David noch ein Plätzchen gefunden, wo er zusammengekrümmt sitzen konnte. Und nun fuhr er. Hier drinnen war es stockfinster. Das kam nicht nur daher, daß es draußen Nacht war, sondern auch davon, daß die Kisten das kleine Fenster in der Wand verdeckten, die ihn von den beiden Männern trennte. Falls diese die Tür von außen öffneten, konnten sie ihn auch nicht sehen, ohne alle Kisten beiseite zu schieben. Es war ein merkwürdiges Gefühl, untätig dazusitzen und sich trotzdem vorwärtszubewegen. David hatte wohl schon Autos gesehen – aber er war noch nie in einem gefahren. Er hatte auch noch kein anderes Fahrzeug kennengelernt. Als ihm klarwurde, daß er keine Vorstellung davon hatte, wie er wieder herauskommen würde, fühlte er sich plötzlich unendlich müde. Er kämpfte dagegen an, solange er konnte. Aber das gleichmäßige Geräusch des Motors und die rollende, schaukelnde Bewegung waren zuviel. David schlief ein.

Er hatte keine Ahnung, wie lange er geschlafen haben mochte; er wachte davon auf, daß der Motor anders klang, so wie er klingt, wenn er angelassen wird. Sicher war nicht allzuviel Zeit vergangen. Er war es ja nicht mehr gewohnt, des Nachts zu schlafen. Unendlich vorsichtig, in kaum wahrnehmbaren Rucken, begann er die Kiste zu verschieben, die vor dem Fenster stand, durch welches er die Männer sehen konnte. Bald konnte er durch einen Spalt hinausspähen. Nein, es war dunkel; dunkel auch dort, wo die Männer saßen.

Wenn er doch nur hinausgelangen könnte, bevor es wieder Tag wurde, bevor sie den Wagen aufschlossen und ihn fanden!

Plötzlich wußte er, welches Gefühl es sein mußte, in einer solchen Zelle zu sitzen, von der sie im Lager gesprochen hatten.

Eingesperrt, zusammengekrümmt in schwarzer Finsternis, ohne sich bewegen zu können und ohne sterben zu dürfen.

»Johannes!« flüsterte er. »Johannes!«

Seit er kein ganz kleines Kind mehr war – seit drei Wintern und drei Sommern und schon einem Sommer vorher –, hatte er gewußt, daß er nicht denken durfte; daß er aber vor allen Dingen nicht an Johannes denken durfte. Und jetzt hatte er es getan.

David ließ den Kopf auf die Brust sinken und versuchte es zu ertragen. All das Entsetzliche, das über ihn hereinbrach, die Angst, den Haß, die furchtbaren Fragen, die wie Feuer in seiner Seele brannten. Und über all diesem – Johannes; Johannes, der lächelte! Johannes, dessen Stimme trocken und rauh geworden war wie die der anderen, der sich jedoch nie verändert hatte – innerlich. Johannes, mit dem er sprechen konnte. Und schließlich Johannes, der auf die Erde gefallen und liegengeblieben war. Tot.

David hatte seit jenem Tag nie mehr an ihn gedacht. Nachts, als die anderen schliefen, war er in den Hof gegangen und hatte zu jener Stelle auf dem Erdboden hinübergeblickt, wo Johannes gefallen war. Lange war er so stehengeblieben. Dann war der MANN gekommen und hatte ihn gesehen.

»Er ist an einem Herzschlag gestorben«, hatte er gesagt. »Mach daß du reinkommst – und schlaf!«

Seit jenem Tag hatte David nur noch an Essenszeit und Wachablösung gedacht. Zu Anfang hatte es ihn ganz krank gemacht, doch dann hatte er sich daran gewöhnt. Wieso waren ihm diese Gedanken gerade jetzt gekommen? Jetzt, da es nur galt, die Küste zu erreichen!

Die Stimme kam aus weiter Ferne: Ich werde dir folgen. David wußte nicht einmal sicher, ob es die Stimme von Johannes war. So fern war sie. Aber er spürte, daß es Johannes sein mußte; er hatte mit einem Male ein Gefühl der Vollkommenheit, wie zu jener Zeit, da er noch klein und Johannes bei ihm gewesen war.

»Danke!« flüsterte er.

Nun ging alles ganz leicht. Er fand eine Kiste, die nicht

richtig zugenagelt war. Sie enthielt etwas Rundes, Festes, das genießbar war; es schmeckte fast wie das Stückchen Käse, das David einmal im Lager gekostet hatte. Mit seinem Messer schnitt er ein Stück ab, das gerade so groß war, daß er es in sein Tuch wickeln konnte. Es war noch dunkel, als das Auto stehenblieb. Die Männer gingen fort, ohne den Laderaum zu öffnen. David konnte den Wagen verlassen, einfach so. Er befand sich in einer riesengroßen Stadt, und obwohl er die ganze Zeit darauf achtete, im Schutze der Häuser zu gehen – schließlich mußte er sich ja vorsehen, selbst wenn Johannes bei ihm war –, fand er ohne Schwierigkeiten den Hafen, wo die Schiffe lagen. Unterwegs kam er an einem Brunnen vorbei. David beobachtete, wie ein Mann auf den Wasserhahn drückte und trank. Als er fortgegangen war und die Straße wieder verlassen dalag, ging David an den Brunnen und füllte seine Flasche.

Das Schiff, das er finden sollte, brauchte er nicht lange zu suchen. Es lag plötzlich vor ihm. In großen weißen Buchstaben war das Wort ›Italien‹ daraufgemalt. Mit einem dicken, straffen Tau war es am Land festgebunden. Er brauchte nur daran hinaufzuklettern, wenn der Mann, der die Wache hatte, sich am anderen Ende des Schiffes befand. David mußte nur noch ein Stück Bindfaden suchen, womit er sich sein Bündel um den Leib schnüren konnte, wenn er kletterte. Der Wachtposten hörte ihn nicht; niemand hörte ihn. Im Rumpf des Schiffes fand er einen dunklen Raum, in dem so viele Kisten standen, daß er sich gut dazwischen verstecken konnte.

David tastete vorsichtig umher, denn er wollte wissen, ob der Raum ein Fenster habe. O nein, natürlich nicht! Der Schiffsrumpf mußte doch tief unter dem Wasser liegen.

Nun war der Augenblick gekommen, da er seinen letzten Schatz angreifen mußte: die Streichhölzer!

Vorsichtig schirmte er die Flamme mit den Händen ab, wie er es so oft bei Karel und den anderen beobachtet hatte. Er durfte höchstens eines oder zwei benützen, denn er mußte mit seinem Vorrat sparen.

Bis hinauf zur Decke stand Kiste auf Kiste gestapelt. Aber es gab auch Säcke. Zwei davon lagen in einem Winkel. Er konnte sich darauflegen und war dennoch gut versteckt; selbst wenn jemand kommen sollte. Aber das würde wohl nicht der Fall sein – jedenfalls nicht, ehe sie in Italien waren. Alle diese Kisten und Säcke sollten wohl nach Italien gebracht werden. Gerade als sein zweites Streichholz erlosch, erblickte David eine halbvolle, große Flasche, die auf einer Kiste stand. Er legte sein Bündel auf die Säcke, stellte sich auf die Zehenspitzen, um die Flasche zu erreichen, steckte einen Finger hinein und schnupperte vorsichtig daran. Es roch wohl stark, aber eigentlich nicht unangenehm – vielleicht konnte man den Inhalt trinken. David nahm die Flasche mit in seine Ecke und setzte sich auf den Säcken zurecht. Vielleicht würde er noch froh darüber sein, denn möglicherweise waren sie lange unterwegs.

Erst als das Schiff zu fahren begann, verließ ihn dieses merkwürdige traumhafte, leichte Gefühl, das sich seiner in dem Augenblick bemächtigt hatte, als er an Johannes dachte. David erwachte mit einem Ruck beim Lärm der Maschinen, und er wußte sofort, was geschehen war. Er saß aufrecht auf seinen Säcken. Sein Herz hämmerte. Er wußte, daß Johannes nicht mehr bei ihm war. Johannes war zurückgeblieben!

David kämpfte mit aller Kraft gegen die Angst, die sich seiner bemächtigen wollte. Wieder und wieder sagte er zu sich selbst: Er hat nicht mehr versprochen! Er hat nicht gesagt, wie weit er mir folgen wolle.

Aber es half nichts. Alles, was es in der Welt gab an Kälte und Dunkel, an grenzenloser, ewiger Einsamkeit erfüllte Davids Gedanken bis zum Zerspringen. Dann wußte er nichts mehr.

So vergingen die Tage. David verlor alles Zeitgefühl. Es war ja ständig dunkel, und er konnte den Tag nicht von der Nacht unterscheiden. Einmal, als er erwachte, ergriff er statt seiner eigenen Flasche die fremde; und seither trank er daraus, wenn er das Wachsein nicht mehr ertragen konnte, denn er hatte entdeckt, daß er schnell müde wurde, wenn er daraus getrunken hatte. Und außerdem schmeckte es gut; etwas zu stark, aber trotzdem nicht unangenehm. Und dann konnte er wieder eine Weile schlafen.

Manchmal sagte er sich, er brauche doch nur zur Tür hinüberzuklettern, sie zu öffnen und die Treppe hinaufzugehen, bis er jemandem begegnete. Dann würde alles überstanden sein. Er wünschte sich brennend, der augenblickliche Zustand möge enden. Doch seine Füße wollten nicht klettern; die Beine wollten ihn das kleine Stück nicht tragen, das ihn von der Gefangenschaft trennte. Er wünschte es so sehr – aber sein Körper weigerte sich, ihm zu folgen.

Als er schließlich entdeckt wurde, kam alles ganz überraschend. Er erwachte davon, daß eine Stimme über ihm sagte: »Mamma mia, was tust du denn hier?«

Mit einer blitzschnellen Bewegung war David auf den Beinen, aber er machte keinen Versuch, wegzulaufen. Der Mann war schwarzhaarig wie die meisten Italiener. »Nichts«, antwortete David ihm auf italienisch.

Tancrede öffnete den Mund, als wollte er rufen – aber er sagte kein Wort. Statt dessen kletterte er flugs zur Tür und schloß sie. Dann kam er zurück. Er konnte sich selbst nicht erklären, warum er das tat; vielleicht geschah es deshalb, weil der Junge so still war. Es war ein sehr magerer, sehr schmutziger Junge, der so still stand, als wäre er tot, und der ein Gesicht hatte, das noch stiller war, so still, wie er es nie bei einem Menschen gesehen hatte.

Er hätte jemanden rufen müssen; er hätte dafür sorgen müssen, daß der Bursche ans Tageslicht befördert wurde. Doch als er in die seltsamen dunklen Augen des Jungen blickte, wußte er, daß er es nicht konnte. Er sah, wie die Augen von ihm erwarteten, daß er es täte. Er versuchte sich von dem Gefühl zu befreien, der Junge werde sterben; die Augen seiner Großmutter hatten diesen Ausdruck gehabt, ehe sie starb. Aber das war sicher Unsinn; die Augen seiner Großmutter waren schließlich braun gewesen; und die Augen dieses Jungen waren – nun ja, in diesem trüben Licht konnte er es nicht genau erkennen – vielleicht waren sie dunkelgrau, vielleicht waren sie grün.

Dann sagte er das, was ihm eben einfiel: »Hast du meinen Wein ausgetrunken?«

»Ja. – Ich hatte kein Wasser mehr in meiner Flasche. Ich wußte nicht, daß es Wein war. Danke.«

Tancrede schüttelte seinen schwarzen Lockenkopf. So ein Kind hatte er wirklich noch nie gesehen! Erst ließ es sich seinen Wein durch die Kehle rinnen, ohne zu schmecken, daß es Wein war; und dann bedankte es sich auch noch, obwohl es doch reiner Diebstahl gewesen war. Und so merkwürdig ruhig war der Junge. Ein Bub, den man auf frischer Tat ertappte, nahm doch gewöhnlich die Beine in die Hand und machte, daß er fortkam; und blieb nicht stehen und schaute einem offen ins Gesicht.

»Wohin willst du denn?« fragte er hilflos.

»Nach Italien.«

»Hm. – Aber ich muß dich wohl dem Kapitän melden.«

»Ja«, erwiderte der Junge nur.

Tancrede wußte sehr wohl, daß er es nicht übers Herz bringen würde. – »Ich glaube, du bist nicht recht gescheit«, sagte er. Er wagte nicht, ihn zu berühren; er brachte es einfach nicht fertig. »Heute abend kommen wir nach Salerno. Ich glaube, es hat keinen Sinn, dich zum Kapitän zu schleppen; das gäbe nur Scherereien. Spring rechtzeitig über Bord, dann habe ich nichts damit zu tun. Ich werde versuchen, dich hinauszulotsen.«

»Ich kann nicht schwimmen«, sagte der Junge ruhig.

»Mamma mia! Du bist also wirklich nicht ganz normal! Ich will nichts damit zu tun haben. Ich gebe dir einen Rettungsring. Du mußt versuchen, an Land zu treiben.«

»Danke.«

Tancrede ging kopfschüttelnd weg.

David konnte nicht mehr schlafen. Er war hungrig. Dieses Gefühl hatte er bereits viermal beim Erwachen gehabt, und er hatte nichts mehr zu essen. – Das war ein merkwürdiger Mann. Eigentlich war er gut, denn er wollte ihn nicht dem Kapitän ausliefern; er konnte ja nicht wissen, daß David schon fast zu müde war, um noch einen Aufschub zu ertragen. Nun sollte er also erst noch ins Wasser. Er wußte nicht, was ein Rettungsring war, aber der MANN hatte ihm ja zu verstehen gegeben, daß man damit an Land treiben konnte. Und dann mußte er vielleicht noch eine Nacht laufen; vielleicht sogar noch viele Nächte, bevor SIE ihn fingen.

Aber zur gleichen Zeit, da David wußte, wie das Ende aussehen würde, begann sein Körper sich bereitzumachen. Automatisch stopfte er seine zerrissene Jacke in seine zerrissene Hose hinein, schürzte sein Bündel und setzte sich hin, um zu warten.

Es dauerte ziemlich lange, ehe der Mann zurückkam. David bewegte sich nicht, als er zu ihm trat. Vielleicht bereute er die Sache mit dem Rettungsring. Aber David hatte nicht die Kraft, sich dafür zu interessieren.

Tancrede hatte den Rettungsring wirklich bei sich – und außerdem ein Stück Brot. David aß die Hälfte davon sofort auf. Inzwischen zeigte ihm der Mann, wie er die Arme bewegen mußte, um richtig an Land zu treiben. Es wurde David klar, daß er fast mit dem ganzen Körper im Wasser schwimmen würde. Er runzelte die Stirn. Die Worte ›richtig an Land‹ hatten ihn an den Kompaß erinnert; vielleicht war er empfindlich gegen Wasser? Es war wohl besser, das Bündel um den Hals zu knüpfen. Der Mann ließ ihn an einem Seil hinunter und machte ihn darauf aufmerksam, daß er erst im Wasser planschen dürfe, wenn sich das Schiff ein Stück entfernt habe. Niemand durfte ihn hören. Das Wasser war eigentlich nicht besonders kalt. David sah dem Schiff nach, das sich sehr rasch entfernte. Einen Augenblick lang erwartete er, daß er ertrinken werde; vielleicht war dies eine neue Art, Menschen zu töten. Der Ring sah eigentlich fast wie ein Autoreifen aus. – Aber er ertrank nicht. Es war nicht einmal notwendig, viel mit den Armen zu paddeln. Das Schiff hatte das Wasser so sehr in Bewegung versetzt, daß er von selbst auf die dunkle Linie zutrieb, die das Land sein sollte.

Es dauerte jedoch nicht lange, bis David merkte, daß es doch nicht so einfach war. Er brauchte mehrere Stunden, um an Land zu kommen, und als er es endlich geschafft hatte, war ihm so kalt, als wäre tiefster Winter. Er war so erschöpft, daß er überhaupt nichts mehr fühlte. Nur seine Füße strebten weiter.

David stolperte, taumelte, kroch; weiter in der Dunkelheit – immer aufwärts; hart war es und spitz; es mußten Felsen sein. Dann kam er an eine Straße. David taumelte darüber hin, ohne auch nur darauf zu achten, ob Menschen in der Nähe wären. Nur weiter bergan! Es kam ein Stück mit etwas Niedrigem, das in gleichmäßigen Reihen wuchs; dann wieder ein Stück mit Felsen; harte, scharfe Kanten, daß ihn die Füße schmerzten. Und dann konnte er nicht mehr.

Aber niemand war da, der in dieser Nacht seinen Schlaf störte. Als er erwachte, war er nicht mehr müde. Es war ihm nicht einmal kalt, sondern vielmehr wohlig warm. Einen Augenblick lang lag er mit geschlossenen Augen da, obwohl er wach war. Er badete in der Wärme seines eigenen Körpers, während er wie üblich auf Geräusche horchte. Aber alles war still. Dann öffnete er die Augen und setzte sich auf – und schaute.

David hatte kaum jemals andere Farben gesehen als verschiedene Töne von Grau und Braun und den blauen Himmel. Nur einmal hatte er eine kleine rote Blume gesehen, die sich an die Mauer des Lagers verirrt hatte. Sonst waren Farben nur etwas gewesen, wovon er gehört hatte. Bisher hatte er nichts als einen schwachen, schmutzigen Abklatsch davon an den häßlichen Dingen gesehen, die es im Lager gab.

Er wußte nicht, wie lange er so dasaß und schaute. Erst als alles seltsam im Nebel verschwamm, entdeckte er, daß er weinte.

Tief unter ihm lag das Wasser, ein Meer, das so blau war wie nie zuvor ein Himmel, den er gesehen hatte. Das Land ragte an seinem Rande hinaus und buchtete sich wieder ein; hinaus und hinein; auf und ab; alles war grün und gelb, und dazwischen blühten rote Blumen. Er war zu weit weg, um sie richtig sehen zu können. Am Fuß der Berge, in der Nähe des Meeres lagen kleine Ortschaften; hell waren sie, fast weiß. Bäume standen dort in vielen verschiedenen Tönen von Grün. Und über all dem schien und wärmte die Sonne; nicht weiß und böse und sengend wie die Sonne im Lager, die im Sommer geschienen hatte, sondern gelb und wohlig wärmend.

Schönheit! David hatte dieses Wort einmal von Johannes gehört. Er mußte damit etwas gemeint haben, was diesem hier glich. Daher war er noch einmal zurückgekommen und hatte ihn bis zum Schiff geleitet. Das Schiff sollte David hin zur Schönheit bringen.

Die Tränen verschleierten seine Augen. Wütend wischte er sie weg. Sie sollten das Bild dieser Schönheit nicht trüben.

Nun wußte er, daß er nicht sterben wollte.

Er wollte nicht gefangen werden; er wollte nicht sterben. Seine Beine hatten ihn zu der Stelle getragen, wo das Auto stand; und als es zu schrecklich wurde, allein zu sein, hatte Johannes ihn zum Schiff begleitet. Der fremde Mann mit dem schwarzen Haar hatte ihm mit dem Rettungsring aus dem Wasser geholfen. Nun war er zur Schönheit gekommen. Jetzt wollte er nicht mehr sterben. Er wollte leben!

2

David blieb lange sitzen und schaute hinab auf die Schönheit. Er wußte, daß es viele Dinge gab, die nun zu tun waren. Aber er hatte nicht genug Platz für all das in seinem Kopf. Ihm war, als ob der Beschluß, am Leben zu bleiben, alles andre verdrängte. Seine Augen konnten nicht loslassen, was sie sahen; wozu hatte er Augen! Nicht um die schmutziggrauen, häßlichen, unbarmherzigen Häuser des Lagers zu schauen; nicht für endlose, flache, kahle Erde, die sich graubraun und leer erstreckte, so weit das Auge reichte. Um die Schönheit zu schauen, hatte er Augen! Und David sah wieder und wieder auf das blaue, weite Meer; auf das Land, das sich an seinem Rande dahinzog; auf die Farben, dieses vielfältige Grün, das Goldne und Rote dazwischen; er sah, wie sie sich mischten, all diese Farben, je weiter er in die Ferne schaute, bis alles im Blau verschmolz, wo Meer und Himmel sich trafen.

David blickte nieder auf seine Hand, die im Gras lag. Mit einemmal wußte er, was er als erstes tun wollte. Wo das Gras trotz des Hochsommers so grün war, mußte Wasser in der Nähe sein.

Er sah nach der Sonne und sah auf den Kompaß und dann wieder auf die Sonne. Es war noch sehr früh. Er hatte sicher noch eine Stunde Zeit, ehe er ein Versteck für den Tag finden mußte. Er griff nach seinem Bündel und erhob sich. Da sah er das Wasser. Es war ein träges, kleines Rinnsal mitten in einem breiten Flußbett. Die Sonne glitzerte darin; Büsche und Bäume spiegelten sich. Er konnte sich also verstecken, falls jemand kommen sollte. Flugs hatte David seine Kleider abgeworfen. Es waren ja nur eine Jacke und eine Hose, die er mit Bindfaden zusammenhielt. Sie waren vom Meerwasser ganz steif geworden. Er legte die Hose ins Wasser und beschwerte sie mit einem Stein, um sie festzuhalten; dann tauchte er die Jacke unter und öffnete sein Bündel.

Mit der Seife in der Hand stand er eine Weile zögernd da. Manche, die ins Lager kamen, waren zuerst ganz weiß und rein und rochen nach nichts. Er wagte kaum den Versuch. Dann probierte er es zuerst an den Händen.

Es gelang. Zumindest gelang es ihm fast. David schrubbte, bis er ganz rot war. Er nahm die nasse Jacke zu Hilfe; da ging es viel besser und rascher. Eigentlich hatte er geglaubt, Schmutz sei viel schwerer zu entfernen. Dann fiel ihm das Meer ein; er war ja bereits in der Nacht naß gewesen; das hatte sicher geholfen. Der Kopf war ein kleines Problem. Aber David gab nicht auf. Er wollte allen Schmutz entfernen – alles, was ihn ans Lager erinnerte; alles, was nach den Menschen im Lager roch. Er legte sich ganz ins Wasser und tauchte den Kopf unter, daß das Haar naß wurde. Er fuhr mit der Seife hin und her, bis seine Arme vom Hochhalten müde waren. Dann tauchte er wieder unter und nahm die Jacke zu Hilfe, bis sich das Haar nicht mehr klebrig anfühlte. Ihm wurde kalt, aber das kümmerte ihn nicht. Er dachte nur noch daran, ganz, ganz sauber zu werden. Allmählich bekam die Jacke eine hellere Farbe. Nun machte sich David an die Hose. Auch sie wurde heller. Schließlich schnitzte er sich mit seinem Messer ein Stöckchen zurecht, bis das Holz spitz und sauber war. Er stach sich ein paarmal. Das tat weh. Aber endlich waren auch seine Nägel rein; die Nägel an Händen und Füßen.

Die Sonne spiegelte sich in einem Wassertropfen, der auf sein Knie gefallen war. David wischte ihn weg – und es blieb keine weiße Stelle zurück! Er brauchte keinen Schmutz mehr wegzureiben. Er schöpfte so tief Atem, daß er bebte. Er war David. Alles andere hatte er fortgewaschen: das Lager, den Geruch, alles, was jemals mit Fremdem in Berührung gekommen war. Nun war er David, ein Junge, der sich selbst besaß – und die Freiheit! Die Freiheit – solange er sie selbst festhalten konnte. David blickte sich um. Er konnte nicht mehr hier sitzenbleiben. Ein Stück über ihm stand ein Haus zwischen den Bäumen; und weiter unten lag die Straße. Bald würden Menschen auftauchen. Vorher wollte er sich gut verstecken.

Er folgte dem Wasserlauf ein Stück und ging dann auf die Küste zu. Es war sehr steil hier; aber Davids dicke Fußsohlen waren darin geübt, die Stellen zu finden, auf denen man gut stehen konnte. Sein Körper war geschmeidig und flink; er brauchte nicht einmal auf sein Gleichgewicht zu achten. Kurz bevor er die Straße erreichte, blieb er unentschlossen stehen. Wohl war es möglich, sich unter dem Gebüsch dort drüben aufzuhalten. Es bedeutete aber, daß er den ganzen Tag liegen mußte – und wenn er nicht schlief, war es sehr schwierig, immer in der gleichen Stellung liegenzubleiben. Jetzt, so nahe an der Straße, konnte er zu beiden Seiten in gleichmäßigen Abständen Häuser sehen. Sie waren nicht direkt an die Straße gebaut worden, sondern standen ein wenig oberhalb und unterhalb. Auf der Straßenseite hatten sie Türen. Es waren hübsche Häuser, hellrot und hellgelb und weiß getüncht; die Türen waren weiß gestrichen, und rundherum wuchsen grüne Bäume und Pflanzen. Trotzdem war es gefährlich; in Häusern wohnten Menschen.

Ein Stück unterhalb der Straße fiel die Küste so steil ab,

daß auf einer weiten Strecke keine Häuser standen. Das bedeutete jedoch, daß er die Straße überqueren mußte.

Sein Herz begann zu hämmern. Der Weg schlängelte sich an den Felsen entlang; man konnte ihn schwer überblicken. Immer wieder mußte David einem Vorsprung ausweichen. Selbst wenn er sicher war, im Augenblick freie Bahn zu haben, konnte doch jemand kommen, wenn er gerade im Begriff war, über die Straße zu gehen. David hatte gute Ohren. Es kamen keine Autos und auch keine Menschen die Straße entlang; falls jedoch einer neben der Fahrbahn im Grase ging, würde David ihn erst hören, wenn er ihm schon ganz nahe wäre. Sollte dies alles wirklich nur einen einzigen Morgen dauern – die Schönheit und der Entschluß zu leben? Sollte all dies ihm wieder genommen werden – durch einen einzigen fremden Menschen, der jetzt oder in einer halben Stunde des Weges kam?

Blieb er aber hier stehen, würde man ihn aufgreifen. Hier und dort wuchsen niedere Bäume in langen Reihen; sicher waren sie von Menschen so angepflanzt worden; einer sah aus wie der andere. Ganz bestimmt würde jemand kommen, um nach ihnen zu sehen. Etwas grell Gefärbtes, das weder gelb noch rot war, sondern beides zugleich, fesselte seinen Blick. Eine Kugel lag im grünen Gras; sie war ein wenig feucht. David hob sie auf, ohne sich dessen bewußt zu sein, und ging auf die Straße zu.

Der Morgen war noch jung; alles lag friedlich da im Sonnenschein. Nicht ein Mensch war zu sehen. Aber einer würde gleich hinter dem nächsten Felsenvorsprung hervorkommen; dessen war sich David ganz sicher. Er überquerte die Straße. Er ging weder langsam noch schnell.

Später, als sein Herz nicht mehr so laut schlug, wußte er, daß sein Entschluß alles verändert hatte. Seit jenem Abend, da das Bündel unter dem Baum lag, wie der MANN es gesagt hatte, hatten seine Füße ihn weitergetragen und seinen Weg bestimmt.

Diesmal war er selbst es gewesen, der bestimmt hatte. Seine Füße hatten das Wagnis nicht eingehen wollen, den Weg zu überqueren; also hatte er es befohlen und sie gezwungen, es zu tun. David durchrieselte ein heißes, gutes Gefühl von Freiheit und Stärke. Von nun an wollte er selbst denken und selbst bestimmen, und seine Füße, seine Hände, sein Körper sollten seine Helfer sein, die ausführten, was er befahl.

Hier unten am Rande des Wassers war er in Sicherheit. Die Straße und das nächste Haus lagen ein gutes Stück entfernt. David glaubte nicht, daß jemand ihn von dort sehen könne. Aber er war nicht ganz sicher, und es war notwendig, sich zu vergewissern. Wenn er den Felsvorsprung erreichen konnte, der drüben ein wenig ins Wasser ragte, dann hätte er so etwas wie eine Höhle; der Felsen bildete dort zwei Wände und ein kleines Dach. Die Entfernung war jedoch so groß, daß er den Sprung nicht wagen konnte. David legte sein Bündel nieder und streckte prüfend ein Bein über den Felsrand. Er tastete mit dem Fuß nach einer Stütze, aber der Berg war ganz glatt und steil. Ein einziger Meter trennte ihn von dem besten Versteck, das er in seinem ganzen Leben gefunden hatte!

Ich *will* hinüber, sagte er bei sich. Es muß zu machen sein. Es muß eine Möglichkeit geben. Vielleicht finde ich einen großen Stein, den ich hinunterwerfen kann, damit die Kluft weniger tief ist. Aber so sehr er sich auch abmühte, den einzigen Stein, der groß genug gewesen wäre, konnte er nicht von der Stelle bewegen. Trotzdem plagte er sich weiter, bis er schließlich selbst nicht mehr daran glaubte, ihn wegwälzen zu können, sondern einsah, daß er nur sinnlos seine Kräfte vergeudete. Also hörte er auf. Er erschrak darüber, daß er ganz vergessen hatte, sich vorzusehen, und blickte sich um. Wenn er ein Seil hätte! Aber es war ja nichts da, um es auf der anderen Seite zu befestigen; und er hatte ja auch nicht mehr als das winzige Stückchen Bindfaden, mit dem er seine Hose gegürtet hatte.

Da fiel sein Blick auf etwas Braunes, das weiter unten auf seiner Seite des Felsvorsprunges lag. Es war eine Kiste – oder besser gesagt, ein Stück von einer Kiste.

David zwang sich zur Ruhe. Es ist nicht groß genug, sagte er sich. Natürlich wird es nicht groß genug sein; aber versuche es trotzdem! Da sein Herz noch immer ziemlich heftig klopfte, stieg er hinunter zu dem Brett. Es war lang genug! Er konnte es wie eine Brücke hinüberlegen; und auf der anderen Seite konnte er es wieder einziehen, so daß niemand ihm folgen konnte!

Aber war es stark genug? Er fand zwei kleinere Steine, die er unter das Brett legte; dann trat er vorsichtig darauf. Es knackte ein wenig, aber es trug ihn.

Das Gestein auf der anderen Seite war ganz kahl. Kahl, aber sicher. Und es war Platz genug vorhanden, um sich niederzulegen; und da die kleine Klippe wie ein gespaltener Zahn geformt war, würde er die meiste Zeit im Schatten liegen können. Er konnte von hier aus ein kleines Stück der Straße beobachten, ohne selbst gesehen zu werden; und in östlicher Richtung überblickte er ein großes Stück der Küste.

David zog seine nasse Hose aus und breitete sie zum Trocknen in die Sonne. Die Jacke legte er daneben. Dann packte er sein Bündel aus und legte seine Habseligkeiten in einer Reihe neben sich: den Kompaß, das Messer, die Flasche... das Stück Brot, das der Mann auf dem Schiff ihm gegeben hatte – und die gelbe Kugel. Er drückte sie vorsichtig, kratzte mit dem Fingernagel daran herum und bohrte dann den Finger ganz durch die Schale hindurch. Sie war innen naß. Er schnupperte an seinem Finger, leckte daran. Es roch gut und war zugleich sauer und süß. Dann entfernte er die ganze Schale und teilte die Kugel in Stückchen. Die Teilchen ließen sich ganz gleichmäßig trennen und sahen aus wie Halbmonde. Er war hungrig – aber er besaß ja ein Stück Brot. Ob er die Kugel wohl auch essen konnte?

Er nahm ein Stückchen in den Mund, zerkaute und schluckte es und wartete ab, was geschehen würde. Aber es geschah nichts. Es hatte nur gut geschmeckt. Krank wurde man nicht davon.

David verzehrte die Hälfte der Spalten und nagte an dem Brot. Dann kostete er die gelbe Schale; aber sie schmeckte bitter und unangenehm. Er bemühte sich, den einen Gedanken loszuwerden, der ihm immer wieder kam: Ich weiß nichts. Wie soll ich meine Freiheit bewahren, wenn ich nichts weiß von all jenen Dingen, die andere Menschen wissen? Ich weiß nicht einmal, was genießbar ist und was giftig; ich kenne keine andere Nahrung als Brei und Brot und Suppe.

Einen Augenblick lang fühlte er sich ganz klein und elend vor Mutlosigkeit. Warum hatte er auch nie mit den anderen im Lager gesprochen, aufgepaßt, wenn sie miteinander sprachen, oder sie gefragt, wie die Dinge sich draußen in der Welt verhielten? Natürlich hätte er nicht über Speisen sprechen können, denn es galt im Lager als Gesetz, daß über das Essen nicht gesprochen werden durfte. Ausnahmsweise war es nicht ein Gesetz von DENEN, sondern eines, das die Gefangenen selbst beschlossen hatten. Wenn man nichts anderes bekam als Brot und Brei – und nicht einmal davon genug –, so wurde alles nur schlimmer, wenn sie von den Speisen sprachen, die sie gegessen hatten, als sie noch frei waren. Aber er hätte nach anderen Dingen fragen können. Als er Johannes noch gehabt hatte, hatte er immer gefragt; aber damals war er ja noch klein gewesen und hatte ganz andere Sachen wissen wollen, für die er jetzt keine Verwendung hatte.

Er blickte hinaus auf das blaue Meer, sah die Küste entlang, die so bunt war und sonnenbeschienen und schön, und biß die Zähne zusammen. Er wollte weiterkommen! Es hatte keinen Sinn, hier zu sitzen und über Dinge nachzudenken, die er im Lager hätte anders machen sollen. Er konnte es jetzt nicht mehr ändern.

Aber er mußte an Johannes denken. Er mußte sich alles in Erinnerung rufen, worüber sie gesprochen hatten; und er mußte an all die anderen Gefangenen denken; an das, wovon sie geredet hatten, bevor sie zu lange im Lager gewesen waren, um überhaupt noch zu reden, und sich nur noch durch die Tage schleppten. Mehrmals hatte er erlebt, daß sie zu fliehen versuchten. Sie hatten Pläne geschmiedet; sie hatten Für und Wider sorgfältig abgewogen, erörtert, was sie wußten und was für Möglichkeiten es gab, und waren sich andererseits darüber klargeworden, wo die ärgsten Gefahren lauerten. Die Fluchtversuche waren niemals geglückt; aber das war nicht ihre Schuld; es lag daran, daß ihre Chancen zu klein waren.

David beschloß, es auch so zu machen – er wollte sich einen Plan zurechtlegen; er wollte das, was er wußte, abwägen gegen das, was er nicht wußte; er wollte versuchen, es zu tun, ohne innerlich etwas zu fühlen – weder Verzweiflung noch Hoffnung.

Er hatte starke, zähe Muskeln, obwohl er so mager war; er hatte scharfe Augen und gute Ohren; und er war daran gewöhnt, mit sehr wenig Nahrung auszukommen.

Er stockte. Hatte er sonst überhaupt noch etwas, was er ins Treffen führen konnte? Ja: Er war vorbereitet. Er kannte die Methoden von DENEN; die Fallen, die sie stellten; die plötzliche Freundlichkeit, die stets bedeutete, daß etwas dahintersteckte; und die grundlose Brutalität. Er kannte den Verrat und wußte, wie der Tod aussah.

Aber was half ihm seine Kenntnis vom Tod, wenn er jetzt beschlossen hatte, zu leben? David zog die Stirn in Falten. Dann fiel ihm noch eine Sache ein, die er zu seinen Gunsten in die Waagschale werfen konnte: Er konnte verstehen, was die verschiedenen Menschen sprachen. Es war eine gute Hilfe im Lager gewesen, dies zu lernen. Wenn er sich die Zeit nicht mehr damit hatte vertreiben können, an die Mahlzeiten und die Wachablösung zu denken, dann hatte es verschiedene Sprachen gegeben, die er erlernen konnte. David zählte zusammen, wie viele er konnte. Zuerst die Sprache, welche SIE sprachen, natürlich. Die konnte er auch lesen. Dann konnte er Französisch – das hatte Johannes gesprochen. Und außerdem Deutsch und Italienisch und auch Englisch. Er konnte etwas Spanisch und ziemlich viel Hebräisch.

Schon auf dem Schiff war es ein Vorteil gewesen, daß er mit dem Seemann hatte sprechen können, der zu ihm gekommen war. Und jetzt, da er Italien erreicht hatte, lag hier seine große Chance. David fühlte sich sehr ermuntert. Vielleicht würde ihm noch mehr einfallen, was er konnte. Er gewöhnte sich allmählich daran, wieder zu denken.

Trotzdem gab es genügend Dinge, die er überhaupt nicht kannte. Er wußte, daß es Landkarten gab, hatte aber nie eine gesehen; er ahnte nicht einmal, wo die einzelnen Länder lagen und wie die Grenzen verliefen. Er hatte keine sichere Kenntnis davon, welche Länder frei waren. Es gab wahrscheinlich deren nicht allzu viele; es war besser, damit zu rechnen, daß SIE überall waren. SIE konnten ja auch in freie Länder kommen.

Dann war da die Sache mit der Nahrung. Er mußte von dem leben, was er fand, und da bestand jedesmal die Gefahr, daß er in seiner Unwissenheit etwas zu sich nahm, was giftig war, oder daß er hungrig an etwas vorbeiging, was er hätte essen können.

Das Ärgste waren die Menschen. Er mußte sie alle meiden, wenn er seine Freiheit bewahren wollte. Gleichzeitig war ihm klar, daß er etwas darüber in Erfahrung bringen mußte, wie Menschen außerhalb eines Gefangenenlagers lebten; denn eine Gefahr, die man nicht kennt, ist viel größer als eine, die man im voraus berechnen kann.

David faßte noch einen wichtigen Beschluß. Bei Einbruch der Dunkelheit mußte er in die Ortschaft gehen, die er von hier aus unten am Wasser sehen konnte. In der Dunkelheit würde es möglich sein, zu einer Tür hineinzuschauen oder um eine Straßenecke zu spähen. Aber er mußte hingehen, während sich Menschen auf der Straße befanden, damit er etwas darüber erfahren konnte, wie sie lebten. Möglicherweise war es gar nicht so verdächtig, sich als Junge zwischen anderen Menschen zu bewegen; vielleicht war es viel schlimmer, wenn ein Junge in einem Dorf umherging, während alle andern schliefen.

Jedenfalls war es jetzt längst nicht so gefährlich wie vielleicht später. Einstweilen konnte ja noch niemand wissen, wo SIE ihn suchen sollten. Vielleicht taten SIE es auch gar nicht.

Hier nun stieß David wieder auf eine Mauer der Unwissenheit. Er wußte nicht, wer er war; er wußte nicht einmal, aus welchem Land er kam oder weshalb er immer im Lager gelebt hatte. Selbst Johannes, der so viele Dinge wußte, hatte nichts über ihn in Erfahrung bringen können. Es wußte niemand etwas.

David überlegte, wie er wohl aussehen mochte. In der Baracke des MANNES hatte ein Spiegel gehangen – aber viel zu hoch oben. David hatte einmal geglaubt, er müsse Jude sein, aber Johannes war überzeugt gewesen, daß David kein Jude sei – er müsse aus dem Norden kommen.

Natürlich konnte man nicht immer einen Grund dafür finden, warum SIE jemanden einsperrten. Falls ihn jemand einfach irgendwo gefunden und mit ins Lager genommen hatte, als er noch klein war, dann war er am Ende gar nicht bedeutend genug, daß SIE sich sonderlich anstrengten, um ihn wieder einzufangen. Aber er konnte es schließlich nicht wissen. Deshalb war es wohl am sichersten, damit zu rechnen, daß es DENEN wichtig erschien, ihn zu finden.

David war sich im klaren darüber, daß er eine Geschichte haben mußte. Er wußte vom Lager her, daß es das Leben kosten konnte, wenn man keine gute Geschichte hatte; man mußte an ihr festhalten, gleichgültig, was man gefragt wurde. Heute abend, wenn er gesehen haben würde, wie Menschen leben, würde er sicher eine Geschichte erfinden können, die brauchbar war, wenn man ihn etwas fragte. Er hatte nicht etwa den Wunsch, daß jemand mit ihm sprechen möge. Nach Möglichkeit wollte er es sogar vermeiden. Aber es war besser, auf alles vorbereitet zu sein.

Niemand beachtete ihn. Als er die Straße entlangging, begegnete er einem Mann, der sich nach ihm umdrehte. Aber David hatte die ganze Zeit zu sich selbst gesagt: ›Niemand darf dir ansehen, daß du dich fürchtest – niemand darf dir ansehen, daß du dich fürchtest – niemand darf...‹ Und darum war er ganz ruhig weitergegangen. Unten in der Ortschaft drehte sich kein Mensch nach ihm um. Es war ein kleiner Ort, ganz anders als die große Hafenstadt. Die Straßen waren finster und eng und gingen ständig bergauf und bergab. Überall wurde viel gesprochen. Die Leute trugen Körbe und Pakete oder standen schwatzend in hellerleuchteten Geschäften. Als David dies zum ersten Male sah, war es ihm kaum möglich, weiterzugehen. Fast alle Menschen lachten! Es klang nicht häßlich wie bei DENEN, wenn sie über die Gefangenen lachten. Es klang angenehm, ja sogar schön, so als ob alle es gut hätten und gut zueinander wären.

Das konnte natürlich nicht stimmen. David wußte es genau. Aber vielleicht gab es hier in Italien nicht so viele von DENEN; oder vielleicht befand sich gerade niemand von DENEN hier im Dorf. Wie schön doch diese Menschen waren! David hatte auch früher schon schöne Menschen gesehen. Meistens waren sie schön, wenn sie im Lager ankamen. Aber nur das Gesicht von Johannes war schön geblieben bis zum Tode. Die wenigen Frauen, die David gesehen hatte, waren ganz anders gewesen als diese hier – böse, wie SIE immer waren; und – und – ja, es war so, als ob dort fast kein Unterschied zwischen ihnen und den Männern bestanden hätte.

Hier aber waren sie schön. Ihr Haar war schwarz und lang und lockig. Die meisten Gesichter waren glatt und gebräunt. Alle trugen schöne Kleider in bunten Farben wie das Meer und die Bäume und die gelbe Frucht.

David sah Mengen von diesen Früchten in einem großen Korb vor einem Geschäft. Arancia hießen sie. David übersetzte es sich ins Deutsche, wo sie Apfelsinen heißen; und es gab da sogar ein ganz ähnliches Wort – Orangen. Er hatte also schon von diesen Früchten gehört! Wenn es nur nicht so schwierig gewesen wäre, diese Buchstaben zu lesen. Johannes hatte ihm beigebracht, wie die Buchstaben in anderen Ländern aussehen; aber das war schon lange her. Oh, hätte er doch nur ein Buch besessen! Dann hätte er sich darin üben können, die Buchstaben zu lesen. Welch ein Vorteil wäre das gewesen!

Es war klug von ihm gewesen, hier herunter zu gehen. Niemand beachtete ihn, und er konnte viel lernen, wenn er sich die Geschäfte ansah. Er konnte beobachten, wie die Nahrungsmittel beschaffen waren, und eine Menge anderer Dinge, die er noch nie gesehen hatte. Er wußte auch nicht immer, wozu man sie verwenden konnte. Diese Menschen besaßen eine riesige Menge von Dingen.

David blieb einen Augenblick stehen. Er fühlte sich ganz wirr im Kopf von all dem Geschauten. Vor ihm gingen ein Mann und eine Frau. Sie sprachen und lachten und aßen etwas,

was sie in einem Geschäft gekauft hatten. Als sie fertig waren, warf die Frau das Papier weg, in welches das Essen eingewickelt gewesen war. David hob es im Dunkeln auf. Er wußte, daß Einwickelpapier manchmal bedruckt war.

Er eilte weiter, um an einen Platz zu kommen, wo Licht brannte. Das Papier war wirklich bedruckt – und er konnte sich im Lesen üben! Morgen, wenn es hell sein würde. Er wagte nicht, lange vor einem erleuchteten Fenster stehenzubleiben. Er hatte ein merkwürdiges Gefühl; der Kopf tat ihm weh, und ihm war übel. Es war besser, wieder hinaus auf die Klippe zu gehen.

Er schaute auf und merkte, daß er auf einem großen Platz stand. Er erschrak darüber, denn er meinte, in den engen Gassen sicherer zu sein; doch schnell vergaß er es wieder, denn vor ihm, auf der anderen Seite des Platzes, stand ein sehr großes Haus, das von Scheinwerfern beleuchtet war.

Ein Gefangenenlager? Einen Augenblick lang hörte Davids Herz auf zu schlagen, so erschrocken war er. Dann entdeckte er eine große Glocke hoch oben in einem Turm. Eine Kirche. Wenn eine Glocke da war, mußte es eine Kirche sein; er erinnerte sich daran, daß ihm Johannes dies erzählt hatte. Aber er hatte nie geahnt, daß eine Kirche so schön aussah. Sie war außen bunt – mit einem schönen Muster. Es sah aus, als habe man verschiedenartige Steine dafür verwendet; und auch die Form des Hauses war schön; eine riesengroße Treppe führte hinauf zur Tür. David stand lange da und betrachtete die Kirche. Er hatte das Gefühl, es sei wichtig, daß er sie erblickt hatte. Aber er wußte nicht weshalb. Er war so müde im Kopf, als wäre er eine lange Nacht hindurch gelaufen. Es war am besten, hinaus auf die Klippe zu gehen.

Langsam kehrte er dem Platz den Rücken und ging wieder durch die engen, erleuchteten Gassen. Er blieb vor einem Geschäft stehen, wo sie eine Art flache, runde Brote buken, mit Früchten darauf, die Tomaten hießen. Er hatte Hunger. Es war zwar im Augenblick noch nicht sehr schlimm; aber morgen früh würde es ärger sein. Einmal hatte er gesehen, wie Karel einen Gefangenen erschoß, der versucht hatte, ihm sein Essen zu stehlen. Vielleicht würde er morgen wieder eine Apfelsine finden.

Er wandte sich zum Gehen.

»He! Willst du eins haben?«

Mit einem Ruck drehte sich David um. Der Mann stand unter der offenen Ladentür und reichte ihm solch einen Fladen. David streckte unwillkürlich die Hand aus, zog sie aber hastig wieder zurück. Eine Falle? Er sollte das Brot nehmen und dann wollte der Mann SIE holen!

David schaute zu dem Mann auf und stellte fest, daß sein Gesicht dem des Seemannes ähnelte – ein wenig einfältig und gutmütig zugleich. David zögerte. Vielleicht wollte er ihm doch keine Falle stellen; es gab ja auch Menschen, die gut waren; das hatte Johannes gesagt; und er hatte es auch gehört, wenn die anderen Gefangenen sprachen. Oft waren sie jemandem begegnet, der ihnen geholfen und sie lange vor DENEN versteckt hatte.

Der Mann lachte, so, wie die Menschen hier alle lachten – gutmütig und laut und mit heller Stimme.

»Nun ja, der Herr ist vielleicht nicht hungrig«, sagte er.

»Doch«, erwiderte David. »Vielen Dank.«

Er nahm das Brot in Empfang und ging schnell, aber ruhig fort. Der Mann runzelte die Stirn und blickte ihm ein wenig verwundert nach; er hob die Schultern bis fast an die Ohren und ließ sie wieder sinken, als wolle er etwas abschütteln. Dann ging er wieder hinein zu seinen Broten.

Nie war ein Tag in Davids Leben so rasch vergangen wie der nächste. In Freiheit war er zu seiner Klippe zurückgekehrt, hatte die Hälfte des Brotes verzehrt, das der Mann ihm geschenkt hatte, und war dann eingeschlafen. Als er erwachte, war es Tag, und alles war ebenso strahlend und sonnenbeschienen und warm und schön wie gestern. Hurtig war er hinauf zu dem kleinen Fluß gegangen, um sich zu waschen, bevor noch jemand unterwegs war. Nicht einmal die Tatsache, daß die Seife erheblich kleiner geworden war, weil er gestern so viel davon verbraucht hatte, bereitete ihm allzugroßen Kummer. Vielleicht kam es davon, weil er die Jacke und die Hose damit gewaschen hatte. Er beschloß, sich heute mit dem Waschen von Händen, Füßen und Gesicht zu begnügen und den kostbaren Besitz nicht zu vergeuden. Dann rannte er wieder bergab. Fast hätte er vergessen, auf der Straße Ausschau zu halten, bevor er sie überquerte; so eilig hatte er es, sein Papier anzusehen. Das durfte nicht wieder vorkommen. Er zwang sich dazu, bis hundert zu zählen, ehe er das Papier aufnahm. Auf diese Weise wollte er sich selbst einschärfen, daß er niemals handeln durfte, ohne vorher sorgfältig überlegt zu haben.

Das Lesen fiel ihm schwer. Gestern abend, im Dorf, hatte er einige Schilder gelesen; aber dies hier waren richtige Sätze; viele Wörter reihten sich aneinander. David murmelte die Namen der Buchstaben vor sich hin, einen nach dem anderen, zog sie zusammen zu einem Laut, immer drei oder vier auf einmal, und nach einiger Zeit nahmen die Laute Form an, so daß er sie als Worte erkennen konnte, die er bereits kannte. Jetzt erst konnte er damit beginnen, vor sich hinzusagen, was da stand; aber es war eine Enttäuschung. Es war nur die Rede von Dingen, die man kaufen konnte; aber es gab nichts zu lesen von Dingen, die ein Junge, der sich auf der Flucht befindet, wissen muß. Dann stand da etwas über Autos – und das letzte handelte von einem König. Aber dort war das Papier abgerissen, so daß er nicht mehr erfahren konnte. David wünschte, daß er zumindest hätte lesen können, wo der König herrschte.

Aus Gesprächen, die er im Lager aufgeschnappt hatte, wußte er, daß in den Ländern, wo ein König regiert, die Menschen ganz frei sind. Dort brauchte man keine Angst vor DENEN zu haben.

Aber sicher gab es nicht viele solche Länder. Und da er nicht wußte, wo sie liegen, hatte er auch keinen richtigen Nutzen davon.

Trotzdem war es, als glaubte er heute eher daran, nicht mehr gefangen zu werden, als gestern. Er hatte in der Ortschaft so viele Dinge gesehen. Zuinnerst wußte er, daß er wieder dort hinunter gehen mußte, aber er gestand es sich noch nicht ein. Er fühlte einen Zwiespalt in sich; die brennende Lust, wieder dorthin zu gehen und mehr über die Dinge außerhalb des Lagers zu erfahren – und gleichzeitig die Angst, er könne vergessen, so zu tun, als fürchte er sich nicht.

Solange es Tag war, wollte er nicht daran denken, daß er vielleicht wieder hinunter in den Ort gehen würde. Es gab so viele andre Dinge, an die er denken konnte; alles, was er gestern gesehen hatte; alles, was er gern wissen wollte und was er selbst herausfinden mußte. Und dann hatte er ja das Papier. Selbst wenn nichts darauf stand, was er brauchen konnte, so war es schon genug, die Buchstaben zu lesen und immer wieder die gedruckten Wörter zusammenzufügen und die Laute mit dem gesprochenen Wort zu vergleichen, bis er ganz sicher war, richtig lesen zu können. Zwischendurch, wenn sein Kopf vor Ungeduld summte wegen all der vielen Probleme, die nicht zu lösen waren, gab es die Schönheit. Er wurde es nicht müde, sie zu schauen: das blaue Meer, das weiter reichte, als man sehen konnte, und das Land, das sich ans Meer schmiegte. Er sah grüne Berge und rötlichgraue Berge dort, wo nur Felsen waren; er sah helle, bunte Häuser, die wie schimmernde Früchte in der Sonne lagen.

Als es Abend wurde, ging David wieder in den Ort hinunter; auch am nächsten Abend und am darauffolgenden; und jedesmal lernte er so viel Neues, daß er draußen auf der Klippe den ganzen Tag darüber nachdenken konnte. Trotzdem wußte er, daß es viele Dinge geben mußte, die er noch nicht erfaßt hatte. Das kam ihm zu Bewußtsein, als er am dritten Abend ein sehr kleines Kind sah.

Auf einer Türschwelle saß eine Frau. Es war dort nicht besonders hell, so daß David wagte, seine Schritte zu verlangsamen, als er sah, daß sich in ihrem Schoß etwas bewegte. Es war etwas ganz, ganz Kleines, etwas Lebendiges; aber es war kein Tier. Allmählich begriff er, daß es ein ganz kleines Kind sein mußte. Es schien ihm fast unmöglich, vorüberzugehen, und trotzdem wagte er nicht, stehenzubleiben. Da lachte die Frau ganz leise, so als ob es bei einem derart kleinen Kind nur eines ganz behutsamen Lachens bedürfe, und sagte zu ihm: »Gefällt er dir? Er ist ein hübscher Junge, findest du nicht auch?«

Zögernd ging David einen Schritt vor. Er sah sich nach beiden Seiten, straßauf und straßab, um – aber es schien niemand da zu sein, dem aufgefallen war, daß die Frau ihn angesprochen hatte. Er trat ganz dicht hinzu und beugte sich ein wenig vor, um besser sehen zu können. Die Frau hob das Kind hoch, als solle es sich auf ihren Schoß stellen; aber es war noch nicht kräftig genug dazu. Das Kind war so winzig klein, daß es noch nicht einmal laufen konnte! Seine Händchen waren so klein, daß die Schachtel, in der Davids Streichhölzer gelegen hatten, größer war als sie. Nur seine Augen waren groß und schwarz und hatten starke, lange Wimpern; und sie blickten ihm gerade ins Gesicht, als ob sie nichts von Furcht wüßten.

Es schmerzte in Davids eigenen Augen, als ob er weinen müsse. Was tat man mit einem Kind, das derart klein war, mit einem Kind, das noch nicht einmal laufen konnte, das noch nicht einmal wußte, daß man sich fürchten muß? Wieviel Entsetzliches konnte einem Kind zustoßen, das so winzig war.

Zum ersten Male sprach David mit einem Menschen, ohne dazu gezwungen zu sein. Er mußte es tun, denn vielleicht war diese Frau unwissend, da sie ja lachen konnte. Er blickte ihr ins lächelnde Gesicht und sagte bebend: »Oh, Sie müssen auf ihn aufpassen; Sie dürfen ihn nicht einen Augenblick vergessen! Er ist ja so entsetzlich klein; er kann überhaupt nichts allein tun; ein einziger Schlag könnte ihn zermalmen. Sie müssen vorsichtig sein, immerzu, sonst kann er nicht größer werden und selbst auf sich aufpassen.«

Erschrocken schwieg er. Die Frau lachte nicht mehr. Sie sah aus, als hätte sie selbst Angst bekommen. Dann nahm sie ihr Kind wieder fest in die Arme und lächelte ein wenig. Sie sagte, er könne sich darauf verlassen, daß sie gut aufpassen werde. Es klang, als wolle sie ihn trösten. Doch es war ja nicht er, der des Trostes bedurfte; es war doch das arme, kleinwinzige Kindchen, das sich so gar nicht wehren konnte.

An diesem Abend hielt David es nicht mehr in der Ortschaft

aus. Er rannte den ganzen Weg zur Klippe zurück. Es half ihm nichts, daß er schließlich einschlief, denn die ganze Nacht träumte er davon, was einem so winzigen Kindlein alles zustoßen könnte. Immer wieder erwachte er dazwischen, denn er träumte, daß es geschähe; und er war zu dumm und unwissend, es zu verhüten. David hatte nie gewußt, daß man auch um andere Angst haben könnte, nicht nur um sich selbst.

Doch als er endlich richtig erwachte, schien die Sonne so hell wie am Vortag.

Sein erster Gedanke war, ob das kleine Kind wohl in Sicherheit sei. Er hätte es nicht verlassen dürfen; es war doch ganz offenbar, daß die Frau überhaupt nichts davon wußte, wie gefährlich es für ein Kind war, so klein zu sein. Und er, David, der es wußte, war fortgegangen!

Das war Davids erste Begegnung mit dem Gewissen. Wie sollte er sich richtig verhalten? In Wirklichkeit hegte er keine Zweifel; dunkel wußte er in seinem Inneren, daß man sich des richtigen Verhaltens immer sicher ist. Und daß es wichtig sein mußte, zu tun, was man für richtig befand. Sonst kam vielleicht der Tag, da man zwischen richtig und falsch nicht mehr unterscheiden konnte – und dann wurde man wie SIE.

Langsam machte sich David bereit, in das Dorf hinunterzugehen, um das kleine Kind zu suchen und auf es aufzupassen. Wie gerne wollte er jetzt leben; es gab so unendlich viele Dinge, die er gern gewußt hätte; bevor SIE ihn wieder fingen. Aber er wollte nicht leben, wenn er dabei DENEN gleichen mußte.

Er hatte sein Brett schon zurechtgelegt; da war ihm, als hörte er eine Stimme sagen: ›Sieh dich vor! Vergiß nicht, daß du dir selbst gelobt hast, du wollest nie etwas tun, ohne alles sorgfältig zu überlegen!‹

David setzte sich wieder hin. Zweifellos war es richtig, das Kind zu beschützen. David legte die Stirn in Falten. War er denn überhaupt dazu in der Lage? Er, der nicht einmal über die allernotwendigsten Dinge Bescheid wußte, die alle anderen Menschen kannten – würde er von Nutzen sein können? Jemand mußte das Kind behüten, das noch so klein war; aber vielleicht war es nicht er; vielleicht konnte doch sie es besser, die Frau, die das Kind hatte. Jetzt, nachdem er ihr gesagt hatte, daß es notwendig sei. Vielleicht war sie die Mutter des Kindes! Die meisten Menschen hatten Mütter. Und eine Mutter paßt immer auf ihr eigenes Kind auf – selbst wenn es schon groß ist und ein erwachsener Mann.

Erleichtert zog David das Brett wieder ein und sagte sich, er sei doch recht dumm gewesen. Hier sah er wieder, wie es ging, wenn er nicht gut überlegte! Im Lager hatte er nicht denken dürfen; anders konnte man es dort nicht aushalten. Doch wenn man frei war, war es notwendig und auch nicht schwer; es war nur anstrengend, weil er nicht daran gewöhnt war. Er war sicher, daß es das wichtigste von allem war, die Dinge zu tun, die man für richtig hielt. Aber man durfte nicht unterlassen, alles sorgfältig zu überlegen, ehe man handelte. Wie schlimm wäre es doch gewesen, wenn er mit dem kleinen Kind etwas falsch gemacht hätte, weil er nicht wußte, was es brauchte!

David beschloß, so wenig wie möglich an das Kind zu denken. Er verspürte jedesmal einen inneren Schmerz, wenn er daran dachte, wie klein es war. Aber wenn er es dennoch nicht behüten konnte, war es am besten, das Kind zu vergessen.

Wie aber kam es, daß er bisher noch nie ein Kind gesehen hatte? Es waren doch sicher auch an den anderen Abenden schon Kinder dagewesen. Der Gedanke beunruhigte ihn. Wieviel andere Dinge mochte er gesehen haben, ohne sie zu beachten. Johannes hatte einmal gesagt, er habe einen guten Verstand. David hätte diese Bemerkung nicht hören sollen. Johannes hatte betrübt ausgesehen, als er es sagte. Der Grund dafür war wohl gewesen, daß man im Lager besser an nichts dachte.

Wenn er nun wirklich einen guten Verstand hatte, wieso konnten dann vor seiner Nase Dinge geschehen, die er nicht sah? Vielleicht wollte er zuviel auf einmal erfassen. Aber schließlich war das ja auch notwendig.

David hatte sich eine gute Geschichte ausgedacht. Schon am zweiten Abend hatte er an einer Wand etwas von einem Zirkus gelesen; er begriff, daß dies eine Art Theater sein mußte, das ständig umherreist. Falls ihn jemand verhören würde, wollte er sagen, er komme von einem solchen Zirkus und müsse ihm an einen Ort nachreisen, der weit genug entfernt war, damit niemand gleich wissen konnte, ob die Geschichte stimmte.

Aber David hatte keine Verwendung für seine Geschichte.

Am Abend ging er wieder hinunter in den Ort. Allmählich kannte er ihn in- und auswendig; die kleinen, winzigen Gassen; den Platz weit unten am Wasser; und den Platz, wo die Kirche stand. Dorthin ging er immer zuletzt. Auf dem Weg hinaus zur Klippe trug er immer das Bild des großen, schönen Gebäudes mit den Mustern aus bunten Steinen in sich. Hineinzugehen hatte er nicht gewagt, obwohl er so gern gewußt hätte, wie es drinnen aussah.

An diesem Abend mied er die Straße, in der die Frau mit dem kleinen Kind saß. Er wußte jetzt, daß sie es besser behüten konnte als er; aber er wollte nicht daran erinnert werden, daß es so klein war, daß es noch nicht einmal all die Dinge kannte, vor denen man sich fürchten mußte.

Aber es gab ja noch genügend andere Straßen. Manchmal stellte sich David in den Schatten vor den Geschäften und horchte, was drinnen gesprochen wurde. Es war ganz einfach, denn sie sprachen sehr laut und lachten zwischendurch. Auf diese Weise erfuhr er, wozu die vielen Dinge gebraucht wurden; alle die Dinge, die er nicht kannte, die aber die Menschen hier besaßen, ohne auch nur darüber nachzudenken.

Von DENEN hatte er sie noch nicht sprechen hören. Manchmal war er nahe daran, unvorsichtig zu werden, weil sich offensichtlich von DENEN niemand im Ort aufhielt. Er ging stets weiter, wenn jemand ihn ansah; aber manchmal hätte er fast seine Furcht vergessen; jetzt füllte er ganz unverhohlen seine Flasche an der Pumpe, die unten auf dem Platz am Meer stand; er nahm auch mehrere Brote von dem Mann an, der sie buk. Erst hatte er lange draußen im Dunkeln gestanden und auf alles gelauscht, worüber der Mann mit den anderen sprach – aber es handelte nie von DENEN; und er fragte David auch nie nach etwas; er fragte ihn nur, ob er hungrig sei; dann gab er ihm das Brot und lachte ihn freundlich an.

Es war also schon fast Gewohnheit, daß David sich erst draußen hinstellte und horchte. Heute abend sprach der Mann davon, daß einer, der Giuglio heiße, einen guten Fang gemacht habe. Einen Augenblick lang stand Davids Herz still vor Angst. Dann wurde ihm klar, daß es nicht Menschen waren, sondern Fische, die gefangen worden waren; gefangen, draußen im Meer.

Er stand eine Weile da und vergaß vor Erleichterung zu lauschen. Dann hörte er plötzlich, wie der Mann sagte: »Weiß eigentlich einer von euch, wer der Junge ist, der jeden Abend herkommt und auf Brot wartet?«

»Welcher Junge?« – »Ein magerer, zerlumpter Junge, aber immer sehr sauber. Er sieht so fremdartig aus.«

David drückte sich fest gegen die Wand und blieb wie angewurzelt stehen. Nun sprach ein anderer Mann, einer der anders sprach als die anderen, mehr so wie David selbst: »Ich habe diese Woche fast jeden Abend einen fremden Jungen gesehen; er steht immer da und schaut die Kirche an. Ich dachte, er sei hergekommen, weil Signor Missiani im Herbst gern ein paar Gelegenheitsarbeiter einstellt.«

Dann hörte er eine Frauenstimme sagen: »Bisher ist noch keiner gekommen, Padre, sonst hätte Therese es mir erzählt. Ich habe den Jungen auch gesehen; es ist sicher derselbe. Er sieht nicht wie die andern aus, und er geht immer weg, wenn man ihn ansieht. Er hat die seltsamsten Augen – «.

»Wieso seltsam?« Das war wieder derjenige, den sie Padre nannten; das bedeutete Geistlicher. »Ich habe ihn nur im Dunkeln auf der anderen Seite des Kirchplatzes stehen sehen. Sieht er aus, als wäre er vom rechten Wege abgekommen?«

»Nein... nein, das könnte ich nicht sagen, Padre. Er ist ein seltsamer Junge. Wenn man ihn anlächelt, lächelt er nicht zurück. Er läuft auch nicht weg. Er dreht sich nur um und geht. Seine Augen sind – so still. Vielleicht sollten wir ihn einmal fragen, woher er kommt –«

David hörte nicht mehr. Geräuschloser als ein Windhauch

war er die Straße hinuntergelaufen und hatte sich hinter einer offenen Tür versteckt. Durch einen langen, dunklen Gang kam er in eine andere Straße. Nie war es ihm schwerer gefallen, ruhig zu gehen und so zu tun, als fürchte er sich nicht. David beschleunigte seine Schritte; er mußte hinaus aus dem Ort, hinaus auf die Klippe; er mußte gleich fort von hier, bevor sie anfingen, ihn zu suchen.

Vielleicht hatten sie DENEN schon Botschaft gesandt. David wartete lange, sehr lange, bevor er sich hinunter zu seiner Klippe wagte. An den letzten beiden Abenden hatte er sein Bündel draußen liegenlassen, wenn er ging; jetzt mußte er es haben. Doch erst mußte er sicher sein, daß niemand ihn verfolgte.

Als er sich in Sicherheit wähnte, legte er sich nieder – aber nicht um zu schlafen. Es war nur, als versagten die Beine ihren Dienst; sie wollten nicht mehr aufrecht stehen. Wie er so dalag, konnte er die Lichter des Dorfes sehen. Es war ein schöner Anblick im Dunkeln. Aber er hatte richtig empfunden – es war gefährlich. Er mußte fort. Noch in dieser Nacht.

Der Gedanke erfüllte sein Inneres wie eine große Finsternis. Das Gefühl war in ihm aufgekeimt, es sei sein Dorf; die Klippe gehöre ihm. Er kannte jede kleinste Unebenheit, und jeden Morgen, wenn er sein Bündel auspackte, legte er die Dinge auf denselben Platz; der kleine Fluß weiter oben über der Straße hatte allein ihm gehört; und jeden Morgen hatte er eine Apfelsine gefunden.

Alle Schönheit war sein gewesen, das Meer und das Land, das sich an seinen Rand schmiegte; alle die herrlichen Farben: Blau und Grün und Rot; und die hellen Häuser, die ebenfalls bunt waren und wie Früchte in der Sonne leuchteten.

Als er hierhergekommen war, hatte er nichts anderes gekannt als den Tod. Hier hatte er so viele Dinge über das Leben gelernt. Er hatte gelernt, sich selbst zu besitzen; gelernt, was für ein Gefühl es ist, sich in reinem Wasser in der Sonne zu waschen, bis man selbst rein war; gelernt, was für ein Gefühl es ist, sich mit etwas zu sättigen, was gut schmeckt; gelernt, wie es klingt, wenn Menschen lachen, ohne etwas Häßliches damit zu meinen. Er hatte die Schönheit kennengelernt. Und nun sollte er sie verlassen und nie mehr zurückkehren.

David weinte. Aber es dauerte nicht lange. Dann setzte er sich auf und blickte auf die Lichter des Dorfes. Er hatte auch wieder denken gelernt, ohne sich davor zu scheuen.

Und er konnte ständig denken; er besaß noch immer sich selbst und seine Freiheit; und wenn er sorgfältig überlegte, so klar und vernünftig er konnte, und wenn er nichts vergaß, was er hier gelernt hatte, konnte er seine Freiheit vielleicht noch lange behalten.

Er hatte recht gehabt: SIE waren überall, sogar hier. Aber es stimmte auch, daß manche Menschen gut waren. Die Frau hatte ihn nicht angezeigt, und der Mann auch nicht, der ihm die Brote gegeben hatte. Es war seine eigene Schuld gewesen, daß er so lange geblieben war, bis die Menschen nicht mehr so tun konnten, als hätten sie ihn nicht gesehen. In Zukunft durfte er nirgends länger als einen Abend bleiben. Er mußte weiterhin den Menschen ausweichen, so gut es ging, und er durfte sie nicht anblicken.

David hätte gern gewußt, was mit seinen Augen los sei, weshalb sie still waren. Was meinten die Leute damit? Vielleicht würde er eines Tages einen Spiegel finden, um endlich zu ergründen, wie er aussah. David seufzte ein wenig; es würde schwer sein, immer an seine Augen zu denken. Ein Junge konnte sich schließlich nicht verkleiden. Erwachsene Männer hatten Bärte, die sie abnehmen oder wachsen lassen konnten; und wenn man Geld hatte, konnte man sich andere Kleider kaufen und eine Brille aufsetzen oder abnehmen und sich die Haare färben. Aber wenn man ein Junge war und keinen Bart hatte und kein Geld für andere Kleider, hatte es keinen Sinn, daran zu denken. Da es außerdem die Augen waren, an denen man ihn erkennen konnte, hätte alles nicht geholfen.

David packte sein Bündel, behielt aber den Kompaß draußen, und erhob sich. Als er über das Brett gegangen war, zog er es herüber und trug es ganz hinauf zur Straße, damit niemand sehen konnte, wo er gewohnt hatte. Er blieb einen Augenblick stehen und schaute hinunter zu den Lichtern des Dorfes. Wenn die Menschen dort unten wirklich so gut wären wie jene, die es wagten, andere vor DENEN zu verstecken, dann hätten sie ihn in Ruhe gelassen.

David wandte den Lichtern den Rücken und begann ruhig bergauf zu gehen – nach Norden.

3

David war müde und zerkratzt und froh, als es wieder hell zu werden begann. Er war es nicht mehr gewohnt, bei Nacht zu gehen. Er beschloß, tagsüber weiterzuwandern, sobald er sich weit genug vom Dorfe entfernt hätte. Es war zu anstrengend, nachts durch ein Gelände zu gehen, wo es überall Dinge gab, an denen er sich stoßen oder über die er fallen konnte – Pflanzen, Baumwurzeln, eine unerwartete Steigung oder ein Loch. Er hatte ja beobachtet, daß er den Leuten nicht auffiel, wenn sie ihn nicht zu lange sahen. Dann war er nichts als ein Junge, der vorüberging. Es gab doch sicher eine Menge Jungen. Allmählich ärgerte und beunruhigte es ihn, daß er so viele Dinge im Dorf nun nicht gesehen hatte. Vielleicht waren dort auch Jungen gewesen. Er hatte sie nur nicht bemerkt; er war immer nur begierig gewesen, alle die Dinge zu erfahren, die sich in den Geschäften abspielten; und zu horchen, was die Menschen dort drinnen sprachen; und alles auf den Schildern zu lesen. Jetzt konnte er schon alles lesen, was gedruckt war. Das war ein großer Vorteil.

Er wartete, bis es hell genug war, um zu sehen, ob Häuser in der Nähe standen. Dann fand er dichtes Gebüsch, wo er schlafen konnte.

Doch als er erwachte, bekam er einen Schrecken. Er wachte auf – und es war noch immer Tag. Er setzte sich auf und sah hinaus über das blaue Meer. Erschrocken schaute er auf den Kompaß – und dann wieder aufs Meer. War am Ende der Kompaß kaputtgegangen? Er drehte sich damit im Kreis, aber die Nadel bewegte sich, wie sie sollte. In einiger Entfernung konnte er Autos hören. Er selbst stand hoch oben über dem Meer. Einen Augenblick lang glaubte er, er habe sich heute nacht in der Richtung geirrt und sei wieder in die Nähe des Dorfes zurückgekehrt. Dann kam ihm eine andere Möglichkeit in den Sinn: Vielleicht konnte ein Land sich in so großem Bogen am Meer entlangziehen, daß ein großes Stück ins Wasser hinausragte. – Ja, es mußte so sein, daß sich das Wasser auf beiden Seiten befand. Hurtig kam David auf die Beine und kämpfte sich hinunter zum Wasser, bis er die Küste entlangsehen konnte. Seine Überlegung bestätigte sich. Die Stelle, wo Land und Meer und Himmel im blauen Dunst verschmolzen, lag jetzt auf der anderen Seite von ihm, auf seiner rechten Seite, wenn er sich dem Meer zuwandte – und nicht zu seiner Linken, wie damals auf der Klippe.

Was nun? – Er mußte doch nach Norden; das hatte der MANN ihm gesagt. Zum ersten Male, seit er nach Italien gekommen war, dachte David an den MANN – ruhig und mit Absicht. Er hatte gesagt, er solle nach Norden gehen, bis er in das Land Dänemark komme. Aber war dies ein Grund, ihm zu gehorchen? War er nicht David, der sich selbst besaß und alles selbst bestimmte? Im Lager mußte man selbstverständlich dem MANN gehorchen. Er war der Oberste im Lager, und es wäre David nie eingefallen, sich ihm zu widersetzen. Er hatte ja oft genug gesehen, was geschah, wenn man den gewöhnlichen Wachen nicht Folge leistete. Aber jetzt gab es keinen Grund mehr, zu gehorchen.

Oder doch? Es hatte sich als zutreffend erwiesen, daß das Bündel unter dem Baum lag; er war wirklich an einen Hafen gekommen, als er nach Süden ging; er hatte auch ein Schiff gefunden, das nach Italien fuhr. Bisher hatte er noch keine Falle gefunden, die ihm der MANN gestellt haben mochte. Vielleicht aber befand sie sich in jenem Land, das Dänemark hieß. Das war ein Problem, welches David nicht lösen konnte. Wieso konnte alles, was der MANN gesagt hatte, gut sein, während David doch sicherer als alles in der Welt wußte, daß der MANN ihn immer gehaßt hatte?

Ich muß mich ja nicht sofort entscheiden, sagte er sich.

Wenn all das, was ich bisher von Italien gesehen habe, nichts anderes als ein Vorsprung ins Meer gewesen ist, dann ist es wohl besser, nach Osten zu gehen, denn in dieser Richtung verliert sich das Land. Später, wenn ich lange genug frei gewesen bin, lerne ich vielleicht etwas, womit ich begründen kann, daß der MANN mich fliehen ließ, obwohl er mich haßte.

Auch auf dieser Seite schlängelte sich die Straße wie auf einem Sims am Meer entlang. David überquerte sie, den Blick auf den Boden geheftet. Er hätte gern eine Apfelsine gefunden, denn er besaß nicht mehr viel Brot. Und wirklich fand er eine; ja er fand sogar einen ganzen Baum voll! Es wäre ihm nie in den Sinn gekommen, daß sie auf Bäumen wachsen. Auf der Straße herrschte nicht viel Verkehr; nur ab und zu fuhr ein Auto vorbei. Der Baum war nicht allzu hoch; er konnte an den Ästen hinaufklettern. David pflückte sich zwei; es war gut, eine in Reserve zu haben. Dann fand er einen guten Sitzplatz auf einem flachen Felsen. Dort verzehrte er sein Frühstück; etwas Brot; frisches, klares Wasser, das nicht trübe und abgestanden war wie jenes im Lager; und hinterher die Orange.

Jetzt war es wohl am besten, weiterzuwandern. Wenn SIE nach ihm zu suchen begannen, mußte er fort. Schnell. SIE besaßen keine Fotografie von ihm, nach der SIE ihn erkennen konnten – das war sein großer Vorteil. Er erhob sich, stolperte über einen Stein – und sah den Kompaß über den Rand des Felsens fliegen, auf dem er saß; tiefer und tiefer hinunter, mit einer solchen Geschwindigkeit, daß es bereits zu spät war, ehe er noch die Hand ausstrecken konnte.

Nur mit den Augen konnte er ihn verfolgen, bis er tief unten im Meer verschwand; so weit unten, daß er es nicht einmal plumpsen hörte.

Am Fuße der Klippe war das Wasser sehr tief. David wußte, er würde ihn niemals wiederfinden. Lange Zeit saß er da und starrte auf die Stelle, wo der Kompaß im Meer versunken war. Jetzt war er verloren. Jetzt würde er im Kreise gehen. Er hatte davon reden hören, daß man im Kreis geht, wenn man den

Weg nicht kennt, und daß man immer und immer wieder zur selben Stelle zurückkommt. Dann würden SIE ihn finden.

Er hatte so wenig besessen. Nun hatte er gar nichts mehr; nichts, womit er seine Freiheit verteidigen konnte.

»O Gott«, sagte er leise. »O Gott!«

Hinterher wußte er nicht weshalb. Die Männer im Lager hatten manchmal so gesprochen, wenn sie zutiefst verzweifelt waren. Aber er selbst besaß ja keinen Gott.

Und keinen Kompaß. Die Freiheit war so gut, und nun hatte er nichts, um sie zu verteidigen.

Da beschloß David, daß er einen Gott haben müsse; vielleicht war es möglich, daß der Gott helfen konnte. Doch welchen sollte er wählen? Es war wichtig, den besten zu finden. Ach, hätte er doch im Lager besser zugehört, wenn die Männer sprachen. Das wäre nützlicher gewesen, als nur Wörter in den verschiedensten Sprachen zu lernen! Wenn er sich erkundigt hätte, dann wüßte er jetzt mehr von so vielen Dingen!

Johannes hätte ihn etwas über Gott lehren sollen. Statt dessen hatte er ihm nur etwas von einem Mann erzählt, der ebenfalls David hieß und der vor langen Zeiten gelebt hatte. David forschte in seinem Gedächtnis. Während er nachdachte, fielen ihm so viele Dinge ein, die Johannes gesagt hatte. Kam nicht in der Geschichte von David auch ein Gott vor? Das Ganze war etwas mit langen, merkwürdigen Worten – und er hatte neue Wörter immer gern gehabt, die lang waren und seltsam klangen. Dann versuchte er herauszufinden, was sie bedeuteten.

Plötzlich wußte er es. Der andere David hatte von seinem Gott gesagt: ›Auf grünender Weide läßt er mich lagern. Er führte mich an Wasser der Ruhe.‹ Ihn wollte er wählen!

David drückte die Orange fest an sich und blickte umher, ob niemand in der Nähe sei, der ihn hören könnte. Dann sagte er leise: »Gott der grünenden Weiden und der ruhigen Wasser! Ich bin David, und ich wähle Dich zum Gott. Du mußt verstehen, daß ich nichts für Dich tun kann, denn ich bin immer an einem bösen Ort gewesen, wo man weder etwas denken noch lernen noch wissen darf. Daher weiß ich nicht, was man für seinen Gott tun muß. Aber der David, von dem Johannes erzählte, wußte, daß Du da bist, obwohl man Dich nicht sieht, und daß Du stärker bist als Menschen. Ich bitte Dich darum, mir zu helfen, daß SIE mich nicht wieder fangen. Vielleicht werde ich irgendwann herausfinden, wie ich es Dir vergelten kann. Wenn Du weißt, wo Johannes jetzt ist, dann sage ihm meinen Dank dafür, daß er mich ans Meer geleitete, und sage ihm, daß ich jetzt, da ich frei bin, wieder an ihn denke. Ich bin David. Amen.«

Er fühlte sich erleichtert und gestärkt wie an jenem Morgen, als er beschlossen hatte zu leben. So war es gut. Es war ihm in den Sinn gekommen, daß ein Gott bestimmt viel besser sein mußte als ein Kompaß – selbst wenn es schön gewesen wäre, beides zu besitzen.

Während des Abends hatte er fast die Stelle erreicht, wo das Land nach links abdrehte. Am Stand der Sonne konnte er erkennen, daß er gleichzeitig nach Norden und Westen gehen würde, wenn er diesen Weg einschlug. Am Abend konnte er seinen Weg nach dem Sonnenstand berechnen, und auch am Morgen, wenn er erwachte. Es würde auch ohne Kompaß gehen.

Es war ein guter Tag gewesen. Es war die ganze Zeit schön geblieben, und in einem kleinen Dorf hatte er wieder eine Pumpe gefunden, an der die Leute Wasser holten. Vielleicht gab es in allen Dörfern welche. Und nirgends hatte er einen von DENEN getroffen. Er war auch keinem Auto begegnet, das jenen geglichen hätte, in welchen DIE fuhren. Also begann David wieder daran zu glauben, daß er es schaffen würde und daß er vielleicht noch lange frei bleiben würde.

Das Brot war jenes Problem, das ihn am meisten bekümmerte. Hier in Italien gab es soviel zu essen, daß die Leute manchmal etwas verloren, ohne es zu bemerken; eine Apfelsine oder eine Tomate; aber niemals Brot. Und Brot mußte er haben, wenn er nicht verhungern wollte.

David setzte sich an den Wegrand. Das taten die Leute hier oft; also konnte er es wohl wagen. Es war eine Vorsichtsmaßnahme, daß er sich der Länge nach ausstreckte, das Gesicht der Straße zugekehrt, so daß er gut versteckt war, falls sich etwas ereignete.

Morgen würde er eine Stadt erreichen, die Neapel hieß – oder vielleicht auch erst übermorgen. Im Lauf der Zeit hatte er entdeckt, daß Ortschaften, die nicht allzu klein waren, schon lange vorher angekündigt wurden. Der Name stand auf einem Schild, und wenn nur eine Ziffer dahinterstand, war der Weg nicht mehr weit. David lag da und dachte über verschiedenes nach. Er überlegte, ob die Ziffer vielleicht bedeutete, wie viele Kilometer noch zu gehen seien. Er dachte daran, daß er wahrscheinlich Gott um ein Stück Brot würde bitten müssen, falls er morgen keines fand. Die Dunkelheit nahm rasch zu, und plötzlich blieb ein Auto in seiner Nähe stehen.

David duckte sich. Ein Mann stieg aus dem Auto, öffnete hinten eine Klappe und wühlte darunter herum. David hob den Kopf ein wenig; es war ein gewöhnlicher Mann, keiner von DENEN. Der Mann machte eine jähe Bewegung, und dann hörte David ihn murmeln: »Au, verflixt, meine Brille!«

Er sprach nicht italienisch, sondern englisch. David sah, wie er im Halbdunkel am Wegrand herumsuchte, und erhob sich. Wer eine Brille brauchte, konnte ohne sie nichts sehen.

»Ich werde Ihnen helfen, Ihre Brille zu suchen.« Der Mann beugte sich vor und schaute ihm ins Gesicht. David schlug die Augen nieder und zog sich ein wenig zurück. Er wünschte, er hätte besser überlegt. Aber der Mann lächelte und sagte: »Ja, bitte, denn ohne Brille nützt es nicht viel, nach seiner Brille zu suchen, nicht wahr?« David antwortete höflich: »Nein«, und suchte die Stelle vorsichtig ab, bis er auf die Brille stieß. Der Mann war wieder zum Auto zurückgegangen und sprach mit jemand, der drinnen saß. David blieb mit der Brille in der Hand stehen. War es vielleicht doch einer von DENEN? Hatte er noch die Möglichkeit zu fliehen? Wie weit würde er kommen? Der Gedanke dauerte kaum eine Sekunde, da wandte der Fremde sich um und fragte: »Kannst du sie nicht finden? Nun, dann muß mich eben meine Frau beim Fahren ablösen.«

David ging langsam auf ihn zu. »Hier ist sie«, sagte er und fügte schüchtern hinzu: »Sir.« Der Mann setzte die Brille auf und lächelte wieder. David fühlte ganz sicher, daß er nicht zu DENEN gehörte; er sah ganz anders aus, so als ob er weder schlagen noch schießen könne. Jetzt griff er in seine Tasche und nahm etwas heraus, was er David reichte. In seiner Hand lag eine Münze. »Deine Hilfsbereitschaft muß doch belohnt werden«, sagte er.

»Nein«, sagte David rasch und trat einen Schritt zurück. »Ich meine, nein, danke.«

Der Fremde sah ihn verblüfft an. Dann lächelte er und sagte, dann müsse er David eben so danken, und er fragte, ob David Lust habe, seine Frau kennenzulernen. David hatte zwar keine Lust dazu, aber er wußte nicht richtig, wie er es ausdrücken sollte; also ging er mit an das Auto. Dort saß eine Frau. Sie war nicht so schön wie die Frauen in Italien; aber sie war freundlich, und es war noch hell genug, daß er sehen konnte, wie sie lächelte. Also sagte ihr David guten Tag.

Dann sprach der Mann französisch mit ihr. Er fragte, ob sie jemals einen italienischen Landstreicher gesehen habe, der Oxford-Englisch spreche und gekränkt sei, wenn man ihm Geld anbiete.

David hätte beinahe gesagt, daß er es nicht übelgenommen habe; aber er zog es vor zu schweigen. Wenn es schon merkwürdig war, daß er Englisch sprach, so verschwieg er wohl besser, daß er auch verstand, was sie auf Französisch sagten.

Sie fragten ihn, wie er hieße und wer er sei; und David antwortete, er heiße David und wolle im Norden einen Zirkus treffen. Glücklicherweise schien es sie nicht besonders zu interessieren. Da er so kurz wie möglich geantwortet hatte, fragten sie nicht weiter, sondern erzählten ihm statt dessen, daß sie aus England kämen und auf Urlaub seien und daß sie bald wieder nach Hause fahren wollten. Dann bat die Frau ihren Mann, ihr ein Sandwich zu geben – ein Stückchen Brot, das mit etwas belegt war. Sie boten David davon an, und er nahm es gern entgegen. Sie schienen geradezu froh darüber zu sein, daß er es haben wollte, und sie schienen auch gern Fragen zu beantworten.

»Gibt es in England einen König?« fragte David.

Der Mann sagte, daß sie im Augenblick eine Königin hätten, da der letzte König keine Söhne gehabt habe, sondern nur Töchter. Sie sei eine schöne und tüchtige Königin, sagte er, und sie habe eine wunderbare goldene Krone.

David schaute ihn erstaunt an. War es nicht ganz gleichgültig, was sie besaß? Die Hauptsache war doch, daß die Menschen in England frei waren, wie in all jenen Ländern, die einen König hatten – oder eben eine Königin.

Er schluckte den letzten Bissen hinunter. »Ich bin fertig, Sir. Darf ich jetzt gehen?«

Die Frau beugte sich zu ihm heraus. »Ja, das darfst du gern – aber, David, ich hätte dich gern lächeln sehen.«

David verspürte Mitleid mit ihr. Ihr Gesicht drückte eine Bitte aus, die er nicht erfüllen konnte. Aber er hatte ja nichts, was er ihr hätte geben können. »Ich – ich –, Sie müssen entschuldigen, ich weiß nicht, wie man es macht.« Er wartete ein Weilchen, dann fragte er noch einmal: »Darf ich jetzt gehen, Sir?«

Rasch und leise sagte die Frau auf französisch: »Donald, du kannst ihn nicht gehen lassen – er ist etwa gleich alt wie unsere eigenen Jungen. Vielleicht ist er Engländer. Du siehst ihm doch an, daß er kein gewöhnlicher kleiner Landstreicher ist. Diese Augen! Sieh doch seine Augen an!«

Der Mann legte seine Hand auf die ihre und unterbrach sie. »Doch, ich kann es. Der Junge hat Angst. Je länger du ihn hier aufhältst, desto ängstlicher wird er. Wir können uns nicht einmischen, Alice, und ich bin sicher, daß er kein Engländer ist.«

Dann wandte er sich an David. »Du bist kein Engländer, David, nicht wahr?«

Ehe er noch zu Ende gesprochen hatte, sagte David rasch: »Nein, Sir – ein Mann im Zirkus war Engländer.« Fast wäre ihm herausgerutscht ›im Lager‹, aber er hatte sich rechtzeitig besonnen. »Wollen Sie mich bitte gehen lassen. Ich habe Ihr

Essen nicht deshalb angenommen, weil Sie sagten, ich müsse es tun –«

»Du kannst ruhig gehen, David.« Die Stimme des Mannes klang fast so, wie die Stimme von Johannes geklungen hatte. »Wenn wir dir irgendwie helfen könnten, würdest du es uns sagen, nicht wahr?«

»Ja, Sir. Es ist nichts. Danke. Leben Sie wohl.« Er verhaspelte sich in den Worten, so sehr beeilte er sich; und dann lief er fort, ehe sie ihn daran hindern konnten. Er lief ein großes Stück zurück in die Richtung, aus der er gekommen war. Vor der nächsten Wegbiegung legte er sich in den Straßengraben und schaute dem Auto nach. Es dauerte lange, bis sie abfuhren.

David kletterte langsam die Böschung zum Meer hinunter, um einen Schlafplatz für die Nacht zu suchen. Er dachte über die Fremden nach. Engländer waren sie und kamen aus einem freien Land. Er zweifelte auch nicht daran, daß sie gut waren – und trotzdem hatten sie ihn nicht gehen lassen wollen – zumindest die Frau. Als ob sie einen Zwang verspürt hätte, ihn festzuhalten. David konnte es nicht begreifen; er mußte erst noch einmal alles überlegen, was er über die freien Länder wußte. So fand er die Lösung: In den Ländern, in denen die Menschen frei sind, gibt es eine Polizei, die da ist, um denen zu helfen, die nichts getan haben. Die Frau war ja nur auf Urlaub hier. Sie wußte vielleicht gar nicht, daß es in anderen Ländern anders ist. David fühlte sich bei diesen Gedanken viel wohler. Es schien ihm wie Verrat, daß sie ihm lächelnd zu essen gegeben hatte und ihn dann festhalten wollte. Aber wenn es nur geschehen war, weil sie unwissend war, dann war es nicht schlimm. Nur mußte er selbst besser aufpassen. Er mußte darauf achten, daß er niemanden so lange anblickte, bis der andere seine Augen erkennen konnte. Es wäre eine große Hilfe für ihn gewesen, wenn er einen Spiegel gefunden hätte; wenn er erst wußte, was mit seinen Augen los war, konnte er vielleicht etwas dagegen tun. Und – er mußte lächeln lernen. Im Dorf hatten die Leute ihn manchmal angelächelt, und danach hatten sie ein merkwürdiges Gesicht gemacht, als bereuten sie, daß sie es getan hatten. Wenn er jedes Lächeln erwidern könnte, würde er vielleicht weniger auffallen.

Als David schon fast eingeschlummert war, kam ihm ein wichtiger Gedanke. Der Engländer hatte ihm Geld geben wollen. Er hatte es nicht annehmen wollen; aber eigentlich nur deshalb, weil es ein so starkes Gefühl war, etwas ganz freiwillig zu tun, ohne dazu kommandiert zu werden; es zu tun, ohne daß jemand es befahl; ohne daß jemand sich rächen würde, wenn man es unterließ. Es war fast so, als hätte er etwas besessen und es dann wieder verschenkt. Wenn er das Geld angenommen hätte, wäre es nicht das gleiche gewesen.

Doch in Zukunft hatte er vielleicht die Möglichkeit, etwas zu tun, wofür er Geld bekommen konnte. Davon wollte er sich jeden Tag Brot kaufen. Dies bedeutete aber, daß er den Menschen nicht ausweichen durfte. Wenn er doch nur die Sache mit den Augen herausfinden könnte; und wenn er lernen könnte, wie man lächelt – dann würde er wohl leichter zurechtkommen.

Und es ging besser, als er erwartet hatte. Schon zwei Tage später fand David in der Stadt, die Neapel hieß, einen Spiegel. Eine Frau, die auf der Straße ging, ließ ihn fallen, so daß ein kleines Stück abbrach. Sie schien sich darüber zu ärgern und ließ ihn liegen. David wartete, bis sie weitergegangen war. Dann hob er ihn auf; sicher konnte man sich trotzdem darin sehen. Er hielt ihn ganz fest und ging weiter, bis er an eine Stelle kam, wo mitten in der Stadt Bäume und trockenes Gras wuchsen. Dort stand eine Bank. David setzte sich hin und hielt den Spiegel hoch.

Zuerst zitterte seine Hand, so daß er nicht richtig sehen konnte; aber ein wenig später sah er deutlich ein Gesicht im Spiegel. Es war sein eigenes.

Er fand es nicht einmal so übel. Tatsächlich konnte er nicht begreifen, was daran merkwürdig sein sollte – es war mager; aber das waren schließlich viele Gesichter.

Vielleicht war die Farbe seiner Haare ein wenig absonderlich; sie waren sehr hell. Er hielt den Spiegel ganz dicht vors

Gesicht, um seine Augen richtig sehen zu können. Johannes hatte blaue Augen gehabt. Hier in Italien hatten alle Leute dunkelbraune oder schwarze Augen. Aber es gab doch sicher auch noch andere Farben. David versuchte sich zu erinnern, wie die Augen der Männer im Lager ausgesehen hatten; aber es fiel ihm nur ein, daß sie ganz matt gewesen waren – und seine eigenen waren blank, so wie Augen sein sollen. Was war an dunkelgrauen Augen so merkwürdig? Wenn man genau hinschaute, waren sie vielleicht ein wenig grün. Trotzdem konnte er nicht begreifen, weshalb sie seltsam waren, und schob den Gedanken beiseite. – Er konnte nichts anderes tun als wegschauen, wenn jemand ihn anblickte.

In den nächsten Tagen nahm er den Spiegel oft heraus und übte sich im Lächeln; aber es sah nie richtig echt aus wie bei anderen Leuten, und schließlich gab er es auf.

Er ging immer nach Norden, so gut er die Richtung einhalten konnte. Nicht weil er tun wollte, was der MANN ihm gesagt hatte; aber irgendwohin mußte er ja gehen; und die Engländer waren auch nach Norden gefahren. Ohne sich dessen bewußt zu sein, hatte David die Idee, daß er vielleicht nach England gehen könne.

In den ersten Tagen hatte er vom Morgen bis zum Abend nur einen Gedanken gehabt; am Morgen: Wenn DIE mich bis zum Abend nicht fangen –; und am Abend: Wenn DIE mich morgen nicht fangen...

Nun begann er daran zu glauben, daß es vielleicht noch lange dauern könne; möglicherweise sogar bis zum Winter. Wenn er jetzt des Morgens erwachte und die Sonne so wunderbar warm schien, kam es vor, daß er daran glaubte, ein Land erreichen zu können, wo er ganz sicher sein würde.

Es war eine gute Idee gewesen, Geld zu verdienen. In Neapel hatte er zwar kein Geld verdient, aber er hatte für einige Leute Kaffee geholt, die in einem Restaurant aßen. Der Kellner hatte ihm Brot dafür gegeben. Und in einem kleinen Ort bekam er von ein paar Fremden Geld, die befürchteten, ihr Gepäck könne aus dem Auto gestohlen werden, während sie eine Kirche besichtigten. Er hatte sie miteinander darüber sprechen hören, und deshalb hatte er gesagt, er würde sich gern hinstellen und aufpassen, bis sie zurückkämen. Hinterher wußte er nicht, was er getan hätte, wenn jemand wirklich versucht hätte, die Koffer zu stehlen. Zum Glück hatte es niemand versucht, und er hatte soviel Geld bekommen, daß er sich genug Brot für zwei Tage kaufen konnte.

Es war ihm sehr unangenehm, daß die Leute soviel fragten. Allmählich aber lernte David immer mehr hinzu und konnte dadurch seine Zirkusgeschichte besser ausschmücken. Er wußte auch, daß sie ihm hinterher nichts zuleide taten, wenn er ihre Fragen beantwortete; seine Furcht vor ihnen war daher geringer geworden; doch er verließ sie stets, bevor ihr Gesichtsausdruck fragend und nachdenklich wurde. Die Italiener fragten nicht allzuviel; aber es war leichter, bei den Touristen Geld zu verdienen, die aus anderen Ländern auf Urlaub gekommen waren. David schmückte seine Geschichte, daß er vom Zirkus sei, so aus, daß er allmählich selbst daran glaubte. Wenn er gefragt wurde, an welchem Ort er wieder mit seinem Zirkus zusammentreffen solle, erfand er selbst einen Namen. Selbst wenn sie mißtrauisch geworden wären, hätten sie ihn also später nicht finden können.

Tag für Tag schien die Sonne warm und lieblich – aber des Nachts begann es kalt zu werden. Trotzdem war David fest entschlossen, niemals ein Haus zu betreten. Häuser waren gefährlich; jemand konnte die Tür versperren, und dann konnte er das Haus nicht mehr verlassen.

Jedesmal wenn er in eine Ortschaft kam, suchte er so lange, bis er die Kirche fand. Er gelobte sich selbst, falls er nicht gefangen würde – falls er also einmal in ein Land gelangen sollte, in dem er in Sicherheit sein würde –, dann wollte er in eine Kirche hineingehen und schauen, wie sie von innen aussah. Nicht daß er etwa wirklich glaubte, er könne seine Freiheit lange genug bewahren; es schien ihm besser, nicht daran zu glauben. Doch manchmal, wenn er satt war und einen guten Schlafplatz gefunden hatte, und wenn er dasaß und über Berge und Täler hinausblickte und die Sonne sah, die die fernen

Berge beschien, dann konnte er den Gedanken nicht unterdrücken, es könne doch noch etwas Gutes geschehen.

Schon lange hatte er das Meer nicht mehr gesehen. Er vermißte es; doch ihm war, als gäbe es in Italien keinen einzigen bösen Ort. David, der sein Leben lang immer nur denselben öden, bösen, grauen Ort gesehen hatte, wurde des Gehens nie müde. Immer wieder machte der Weg eine Biegung, und jedesmal befürchtete David, die Schönheit könne verschwinden. Doch immer wieder kam neue Schönheit; auch auf der anderen Seite. Berge gingen über in Täler; grüne Täler und runde, grüne Berge. David hatte inzwischen die Namen einiger Bäume gelernt. Es gab Olivenbäume mit knorrigen Stämmen und hellen, graugrünen Blättern, die im geringsten Lufthauch flüsterten und zitterten. Dann gab es Zypressen; sie waren hoch und schlank und wiesen hinauf in den Himmel. Am besten gefiel es ihm dort, wo es tief unten im Tal einen Fluß gab. Stundenlang konnte er dasitzen und darüber nachdenken, wo er herkam und wohin er lief.

Und er konnte sich waschen. Die Seife war schon ziemlich klein geworden, obwohl David sich nicht jeden Tag damit wusch. Er wagte nicht, es in den Dörfern zu tun, wenn er seine Flasche am Brunnen füllte. Er hatte nie jemanden sich dort waschen sehen; also war es vielleicht verboten.

Heute war Sonntag. Das war der Tag, an dem die Menschen am meisten lachten. Aber die Geschäfte waren geschlossen. Heute spielte es zwar keine Rolle, denn David hatte seit vorgestern kein Geld mehr verdient. Er hätte sich also doch kein Brot kaufen können. Aber er hatte herrliche Weintrauben gefunden und war es außerdem gewohnt, wenig zu essen. Bald war es Abend. Er saß am Wegrand und schmiedete an einem Plan, der ihn schon seit gestern beschäftigte. Nur wußte er noch immer nicht, ob er es wagen sollte. Gestern hatte er auf der Straße einen Mann beobachtet; dann war ein Auto gekommen; der Mann hatte die Hand ausgestreckt; das Auto war stehengeblieben; der Mann im Wagen hatte den Kopf zum Fenster herausgesteckt und gefragt, ob der andere mitfahren wolle; der Fußgänger hatte sich bedankt und war eingestiegen.

Aber man mußte angeben, wohin man wollte. Und wenn nun der im Auto mißtrauisch wurde? Dann saß man gefangen und konnte nicht heraus. David schüttelte sich bei dem Gedanken; aber die Idee ließ ihn nicht mehr los. Ein Auto fuhr unheimlich rasch, und wenn man das Glück hatte, die ganze Zeit in der gleichen Richtung mitgenommen zu werden, würde Italien wohl irgendwann einmal aufhören. Es war wunderschön hier; aber es war, als liebte David seine Freiheit von Tag zu Tag mehr. Als er gerade angekommen war, zu der Zeit, als er noch auf der Klippe über dem Meer wohnte, hatte er sie nicht so tief geliebt, da er immer gemeint hatte, sie könne höchstens einen Tag währen oder vielleicht zwei. Nun aber hatte er sie so lange besessen, daß sie ihm ganz gehörte.

Die Vorstellung, sie verlieren zu müssen, war so hart, und der Wunsch, an einen sicheren Ort zu gelangen, so stark, daß er täglich daran denken mußte. David machte sich Gedanken darüber, ob es wohl immer so sei, daß man das, was man besitzt, behalten will und noch etwas anderes hinzuwünscht. Er kam sich habgierig vor, konnte den Wunsch jedoch nicht unterdrücken: die Freiheit und ein Land, wo er sicher sein konnte – David wünschte sich beides. Mehr aber nicht! sagte er zu sich selbst; nur diese beiden Dinge, dann habe ich genug. Johannes hatte gesagt, daß ein habgieriger Mensch nie froh sein könne. Und ich möchte so gern lernen, was es heißt, froh zu sein! Johannes hatte gesagt, wenn man etwas begehre, was man nicht hat, mache man das, was man besitzt, wertlos. Ich weiß nicht genau, ob ich es verstehe, aber vielleicht hat er gemeint, daß alles erst dann seinen Wert bekommt, wenn man es wirklich schätzt.

David versuchte zu vergessen, daß er sich auch noch ein neues Stück Seife wünschte. Seine Freiheit behalten und in ein sicheres Land kommen – die beiden Dinge mußten genügen.

Wenn er nun wagte, mit einem Auto zu fahren, würde er schneller in ein anderes Land kommen. Wenn er doch nur hätte erfahren können, wo die Länder lagen. Er wagte niemanden zu fragen, denn es schien, daß Zirkusleute viel über andere

Länder wissen mußten. Also war es gefährlich, zu zeigen, daß er nicht darüber Bescheid wußte.

Motorengeräusch weckte David aus seinen Gedanken. Es klang, als wäre etwas nicht ganz in Ordnung; als könne das Auto nicht richtig fahren. Er legte sich auf den Bauch und schaute ihm nach; es fuhr so langsam, daß man hätte daneben hergehen können. Es war ein amerikanischer Wagen, kein italienischer. David hatte längst herausbekommen, was die Buchstaben auf den Nummerntafeln bedeuteten.

Amerikaner sind sicherlich gute Menschen, denn sie gehören einem Volk an, das von DENEN am meisten gehaßt wird. David hatte aber den Eindruck, sie sprächen ein ganz verdrehtes Englisch, und außerdem benahmen sie sich immer so, als wären sie stolz darauf, so viel zu besitzen.

Diesen hier fehlte aber zumindest etwas: Sie hatten kein Benzin mehr. Deshalb kam das Auto nicht vom Fleck. David erhob sich und ging ihnen nach.

Es war eine Frau, die er laut und hart reden hörte; es klang zornig, und David fürchtete sich etwas mehr als sonst, wenn er jemanden ansprechen wollte. Aber sie schwieg, als er den Mann fragte, ob ihm damit geholfen sei, wenn er ihm etwas Benzin besorge.

Sie waren beide einverstanden. David schlug vor, er wolle mit ihrem Kanister in das nächste Dorf gehen. Es lag weiter oben am Berg, und man konnte es von hier aus sehen. »Aber ich habe kein Geld, um das Benzin zu bezahlen«, sagte er, als er den Kanister bekommen hatte.

Der Mann wollte Geld aus der Tasche nehmen, doch die Frau sagte schnell zu ihm: »So ein kleiner Bettler, Dick! Du kannst dir doch denken, daß wir ihn niemals wiedersehen, wenn du ihm Geld mitgibst. Er kann ja einfach Hilfe aus der Werkstatt holen!«

Sie hatte bestimmt nicht damit gerechnet, daß David ihre Worte verstehen würde. Sie hielten ihn für dumm, denn sie meinten, er könne sie nur verstehen, wenn sie sehr langsam sprachen.

Der Mann fragte ihn, ob er nicht einen Mechaniker veranlassen könne, mit dem Benzin herunterzufahren. Der volle Kanister sei für ihn doch viel zu schwer.

David kehrte der Frau den Rücken. »Sonntags arbeiten die Leute nicht. Ich fürchte, es wird niemand herunterfahren wollen«, erklärte er höflich. »Aber vielleicht kann ich Benzin bekommen, wenn ich verspreche, es hinterher zu bezahlen. Allerdings hoffe ich, daß Ihre Frau nun nicht glaubt, ich wolle auch den Kanister behalten.«

Dem Mann schien dies peinlich zu sein. »Unsinn, Junge!« sagte er. »Dann müßtest du ja zweimal gehen. Meine Frau befürchtete nur, du könntest das Geld im Dunkeln verlieren.«

David nahm einen Schein in Empfang und sah dem Mann offen ins Gesicht. »Würden Sie bitte auf mein Bündel aufpassen, während ich weg bin? Dann kann ich den Kanister besser tragen.«

Mann und Frau wurden rot im Gesicht. David ging davon, ohne auf Antwort zu warten. Sie hatten sich geschämt, und das hatte David erreichen wollen. Noch nie hatte er etwas genommen, wenn er wußte, es gehörte anderen – nur Früchte, die auf Bäumen und Büschen wuchsen, und Dinge, die er fand. Man hat kein Recht, etwas zu nehmen, das anderen gehört. Dessen war er sicher. Wie schrecklich, wenn jemand sein Bündel genommen hätte!

Als er merkte, daß die Frau ihm wegen des Geldes mißtraute, wäre er am liebsten auf und davon gegangen. Aber die Leute brauchten doch das Benzin. Es war gut, daß sie nun auf sein Bündel aufpassen mußten. Das war, als hätte er zu ihnen gesagt: ›Ihr glaubt, ich wolle euch etwas stehlen. Doch ich bin David. Und weil ihr so gesprochen habt, lege ich mein Bündel hierher, bevor ich gehe. Ihr sollt wissen, daß ich besser von euch denke als ihr von mir.‹

Sie hatten begriffen, daß er dies ausdrücken wollte. Er hatte es ihren Gesichtern angesehen.

Als die Leute an der Tankstelle hörten, daß einem amerikanischen Wagen das Benzin ausgegangen sei, wollten sie gleich selbst mit einem vollen Kanister hinunterfahren. Da aber David sein Bündel holen mußte, nahmen sie ihn mit.

David reichte dem Amerikaner den Geldschein zurück, nahm sein Bündel und setzte seinen Weg fort.

»Warte einen Augenblick, Junge! Ich will dir für deine Mühe etwas geben!«

David hätte gern Geld verdient; er brauchte es bitter notwendig, denn morgen mußte er Brot haben. Aber er konnte sich nicht überwinden, es von diesen Leuten anzunehmen. Er hatte ihnen nichts wegnehmen, er hatte ihnen helfen wollen. Er wollte sein Geld nicht bei Menschen verdienen, die er nicht leiden mochte.

»Nein, danke!« sagte er bestimmt. »Manchmal verdiene ich recht gern Geld. Aber ich bestimme selbst, wann ich es will. Heute brauche ich keines.«

Das stimmte zwar nicht, aber es war ein gutes Gefühl, so zu sprechen. Ihm war, als hätte er gesagt: Ich bin David! Ich besitze mich selbst – und niemand hat ein Recht an mir.

David ging im Dunkeln seines Weges, fort von der Straße, und tat, als höre er nicht, daß der Amerikaner ihn noch einmal rief.

Er war sehr hungrig, als er am nächsten Morgen erwachte. Er brauchte auch Wasser, denn in der Flasche waren nur noch wenige Schlucke. An dem Dorf von gestern abend war er vorbeigegangen. Nun sah er unten im Tal eine Ortschaft, die größer war. Vielleicht war es möglich, dort Geld zu verdienen. Sicher war dies allerdings nicht. Es war besser, das Geld abends zu verdienen, und es war ihm auch lieber, sich abends in den Ortschaften aufzuhalten; im Schutze der Dunkelheit konnte er schneller untertauchen.

Heute aber mußte er bei Tageslicht unter Menschen sein. Er konnte nicht bis zum Abend warten, bis er Wasser bekam. Er öffnete sein Bündel, um die letzten Schlucke aus seiner Flasche zu trinken.

Auf dem Grunde des Bündels lag eine fremde Schachtel; sie sah aus wie die Schachteln, in denen die Leute Zigaretten kauften. Die Schachtel enthielt Geld! Mehr Geld, als David je gesehen hatte – 2000 Lire.

Eine Lira war nicht allzu viel; man konnte eigentlich nichts dafür bekommen – aber 2000! Bei dem Geld steckte ein Zettel, auf dem etwas geschrieben stand. Ein Brief! David hatte nie zuvor einen Brief erhalten. Fast hätte er sich gewünscht, auch diesen hier nie bekommen zu haben, denn etwas Geschriebenes war sehr schwer zu lesen – und er hatte auch noch nie versucht, Englisch zu lesen.

Aber er gab nicht auf. Es gab so unendlich viele Dinge, die er nicht konnte, und wenn er nicht selbst etwas dagegen tat, würde er so dumm bleiben, wie er im Lager gewesen war. Und dann würden SIE ihn fangen. Man mußte selbst etwas unternehmen; man mußte etwas wissen, sonst kam man nicht zurecht.

Nach etwa einer Stunde glaubte er ziemlich sicher zu wissen, was in dem Brief stand. Der Amerikaner von gestern abend hatte ihn geschrieben. Da stand, er wisse sehr wohl, daß David kein Geld annehmen wolle, daher habe er es in das Bündel gesteckt. Es stand auch da, daß es ihnen leid tue, geglaubt zu haben, er wolle sie bestehlen. Der Mann schrieb: ›Nicht alle fremden Jungen sind ehrlich, weißt du; aber es tut uns leid, daß wir einem fremden Jungen mißtrauten. Wir hatten nicht angenommen, daß du verstehst, was wir sprachen. Verwende dieses Geld und zeige uns damit, daß du uns nichts nachträgst.‹ Darunter stand ein Name, den David nicht lesen konnte.

Davids erster Gedanke war, daß er sich jetzt ein neues Stück Seife kaufen konnte. Er hatte Geld genug, um viele Tage Brot zu kaufen; und trotzdem konnte er sich ein Stück Seife leisten. Vielleicht sogar einen Kamm!

Er nahm sich vor, nur ja nicht habgierig zu werden. Johannes hatte Habgier nicht leiden können, und es war auch gut, Geld für mehr Brot zu haben. Er wollte ein Stück Seife kaufen und vielleicht noch ein oder zwei Dinge – aber mehr nicht. Und er wollte es nicht schnell tun, sondern erst gut überlegen, was er am dringendsten brauchte.

Schließlich kaufte er ein Brot, ein Stück Seife und einen Kamm. Das Kämmen tat ihm weh. Es war sehr lange her, seit jemand im Lager einen Kamm besessen hatte – und seither hatte er sich nie gekämmt. Er schaute in den Spiegel, denn er wollte gern wissen, wie er jetzt aussah. Sein Haar war ein wenig kraus; das war gut; dadurch glich es dem Haar der Leute hier in Italien; aber ihm schien, es sei heller geworden. Und es war sehr lang.

David überlegte gründlich. Dann kaufte er eine Schere und außerdem einen Bleistift und einen kleinen Notizblock. Mit der Schere wollte er sich die Haare schneiden, damit er nicht anders aussehe als die anderen; und den Block und den Bleistift hatte er gekauft, weil er schon seit Tagen den Wunsch hatte, schreiben zu können. Johannes hatte einmal begonnen, es ihm beizubringen. Wenn er nun Gelegenheit hatte, sich zu üben, würde er es vielleicht richtig lernen. Das würde ein Vorteil sein. Er wußte ja nicht, ob er es nicht eines Tages brauchen konnte.

Es war sehr, sehr schwer, mehr Geld zu haben als so viel, wie ein Brot kostet. Er hatte schon fast die Hälfte ausgegeben, denn die Schere war teuer gewesen. Trotzdem hatte er genug, um noch viele Tage Brot zu kaufen; und er wollte so gern wissen, wie Käse schmeckt.

Er schmeckte gut. David hatte zwar eine Erinnerung an den Käse, den er einmal im Lager gekostet hatte und auch im Auto. Aber dieser hier schmeckte ihm noch besser. Als er satt war, begann er sich die Haare zu schneiden. Er saß unter einem Olivenbaum, der so krumm war, daß er sich fast bis zur Erde neigte. Auf den untersten Ast stellte er seinen Spiegel und lehnte ihn gegen den Stamm. Es war schwierig, die Haarbüschel im Genick abzuschneiden; er konnte ja nicht hinschauen. Aber schließlich war er mit dem Ergebnis zufrieden.

Sollte er nicht doch versuchen, mit einem Auto zu fahren? Aber jedesmal, wenn sich ein Auto näherte, verließ ihn der Mut, obwohl er doch beschlossen hatte, zu wollen. Sein Herz klopfte; es tat weh bis zum Hals, so fürchtete er sich. Dann kam ihm der Gedanke an Gott.

»Gott der grünenden Weiden und der ruhigen Wasser«, sagte er leise, »ich bin David – und ich fürchte mich. Nicht so wie immer, sondern noch mehr. Ich möchte mit einem Auto fahren, damit ich rasch in ein anderes Land komme. Aber ich wage nicht, es zu tun. Wenn Du stark genug bist, das zu erfüllen, was ich innerlich denke, dann nimm bitte die Angst aus meinen Gedanken. Nimm sie mir wenigstens so lange, bis ich es gewagt habe, einem Auto zu winken. Und wenn es nicht gierig ist, um zwei Dinge gleichzeitig zu bitten, dann gib, daß es ein guter Mann ist, der im nächsten Auto kommt. Ich habe noch nichts gefunden, was ich für Dich tun kann. Ich bin David. Amen.«

Er spürte, daß Gott helfen konnte. David war nicht mehr so bange, als das nächste Auto kam. Er trat hinaus auf die Straße.

Der Mann im Wagen ähnelte Tancrede, dem Seemann, der ihn vor dem Kapitän verborgen hatte. David winkte, und der Mann blieb stehen und fragte, wohin er wolle. David sagte, nach Perugia – das hatte er sich vorgenommen, als er den Plan faßte. Nach Perugia war es so weit, daß er drei Tage hätte gehen müssen.

Nun saß er im Auto neben dem Fremden, der Tancrede ähnlich sah. Nachdem David seine Geschichte vom Zirkus erzählt hatte, stellte der Mann keine weiteren Fragen. Er wollte viel lieber selbst erzählen. Er hieß Angelo, und David erfuhr eine Menge Dinge über seine ganze Familie und wo er wohnte. Er hatte noch einen Vater und eine Mutter und eine Menge Brüder und Schwestern – und dann gab es einc Frau, die Rita hieß und die er heiraten wollte, wenn er genug Geld zusammengespart hätte, um sich selbst ein Auto zu kaufen. Aber sein Vater wollte, er solle eine heiraten, die Clorinda hieß; ihr Vater besaß einen Weinberg.

Er sprach lange davon, als wäre er sich nicht ganz sicher, welche von beiden er lieber heiraten wolle. Er fragte David, was er davon halte. David dachte gründlich nach. »Sind sie beide gute Menschen?« fragte er schließlich. »Wenn es darin einen Unterschied gibt, halte ich es für besser, daß du die heiratest, die gut ist. Einen Weinberg kannst du dir vielleicht selbst kaufen, wenn du Geld verdient hast – aber du mußt dich selbst entscheiden. Vielleicht hat dein Vater nicht überlegt, ob sie gut sind. Du mußt selbst ganz sicher sein, ehe du wählst.« – Angelo runzelte die Stirn. Dann lächelte er und nickte. »Ich glaube, du bist ein kluger Junge«, sagte er. »Ich werde tun, was du gesagt hast.«

Dann erzählte er weiter von seinen vielen Plänen, und David hörte ihm zu – jedoch nicht mehr so aufmerksam wie vorher. Angelo war dumm. Er war zwar ein guter Mensch, aber er war wirklich dumm. Das wunderte David ein wenig, denn er hatte geglaubt, alle guten Menschen seien klug, und er dachte noch lange darüber nach; konnte er sich irren? Er wußte ja so wenig. Aber nein, Angelo war ein erwachsener Mann – und dies hier war eine Frage, über die er selbst frei bestimmen mußte; trotzdem hatte er nichts dagegen, andere bestimmen zu lassen, was er tun sollte. Das konnte nur Dummheit sein.

Als sie einige Stunden gefahren waren, hielt Angelo den Wagen an und teilte sein Essen mit David; er gab ihm auch von seinem Wein. Kurze Zeit später kamen sie nach Perugia. Es ist eine Stadt. Sie liegt auf dem Gipfel eines Berges. Man kann eine sehr große Kirche sehen. Als sie den Berg hinauffuhren, ließ David sich absetzen, und als Angelo weggefahren war, ging er zurück zur Landstraße. Er brauchte weder Brot noch Wasser, und wenn es nicht notwendig war, sich bei Tag in einer Stadt aufzuhalten, wollte er lieber frei sein.

Es war also gut gegangen, ein Auto anzuhalten und zu fragen, ob er mitfahren dürfe. Morgen würde er es vielleicht wieder tun – falls er auch morgen seine Angst überwinden konnte. Aber er mußte es von allein tun. Solange er nichts gefunden hatte, das er zum Dank tun konnte, wollte er Gott nicht um zu vieles bitten. Das wäre gierig gewesen – und vielleicht würde Gott eines Jungen überdrüssig werden, der ständig nur Angst hatte und nichts selbst tun konnte. Und er durfte seiner nicht überdrüssig werden! Vielleicht würde eines Tages etwas geschehen, womit er nicht allein fertigwerden konnte.

4

David hatte nie zuvor einen Wald gesehen; morgens hatte er mit einem Auto eine weite Strecke zurückgelegt. Obwohl er am liebsten immer nur schnell vorwärtsgekommen wäre, hielt er es für angebracht, sich hier ein wenig Zeit zu lassen. Er mußte erst herausfinden, wie es in einem Wald war. Erst gefiel es ihm hier sehr gut; aber nach und nach beunruhigte ihn der Wald. Hinter jedem Baumstamm konnte sich jemand versteckt haben – auch einer von DENEN!

Wohl wußte er, wie unwahrscheinlich es war, daß SIE in einem Wald umherliefen, nur, um jemand Beliebigen zu suchen. Sie wußten immer, wen sie suchten – und sollten SIE nach *ihm* suchen, dann hätten SIE sich bestimmt nicht in irgendeinem Wald verborgen, in der Hoffnung, er würde dort hindurchkommen. Trotzdem war er froh, als er wieder draußen war. Es war David lieber, wenn er sehen konnte, was auf ihn zukam. Wenn sich etwas näherte, was gefährlich aussah, wollte er es früh genug erblicken, um sich verstecken zu können.

Er konnte sich nicht schlüssig werden, ob SIE richtig nach ihm suchten oder nicht. Das war nicht möglich, weil er nicht wußte, wie SIE es anstellten. Immer wenn neue Gefangene im Lager angekommen waren, hatte Johannes gesagt: ›Erzählt nur dem Jungen nichts, damit SIE ihn nicht ausfragen können‹; und später, als Johannes tot war, hatten andere so gesprochen. Der MANN hatte es ebenfalls gewußt. Aber es bestand ja die Möglichkeit, daß er eine gute Geisel war – wenn er zum Beispiel einen Vater hatte und dieser Vater ein Feind von DENEN war, dann konnten sie ihm damit drohen, daß David in ihrer Macht war.

David glaubte zwar nicht daran; er konnte sich nicht recht vorstellen, jemals einen Vater gehabt zu haben; aber schließlich mußte er damit rechnen, daß es irgend etwas gab, was es DENEN wichtig erscheinen ließ, ihn zu finden – und dies mit dem Vater konnte er sich am ehesten vorstellen.

Plötzlich hörte er etwas Merkwürdiges. Er blickte sich hastig um und warf sich hinter einem Gebüsch nieder. Jetzt war er schon wieder einfach drauflosgegangen und hatte nachgedacht, ohne sich ordentlich vorzusehen. Ganz in der Nähe stand ein Haus; er konnte es zwischen den Bäumen erkennen. Es war ein großes Haus, und es war schön anzusehen – fast wie eine Kirche.

Aber was waren das für Laute? Seltsam – ja geradezu wunderbar.

Damals in Neapel hatte er einen Ballon gesehen. Falls ein Mensch zum Ballon werden könnte, müßte er Ähnliches fühlen – als ob plötzlich in ihm drinnen viel mehr Raum entstünde, der sich ganz ausfüllte mit herrlich klingender Luft und ihn höher und höher steigen ließ; das Herz würde dabei laut klopfen – aber nicht aus Angst! Konnte es Freude sein? Vermittelte Freude ein solches Hochgefühl?

David wußte plötzlich, daß das, was er hörte, Musik war. Einmal war ein Musiker im Lager gewesen, der hatte von Musik gesprochen – wie sie klinge. Aber David hatte ihn nicht verstanden.

Nun begriff er. Das, was in seinem Inneren brauste und ihn gleichsam höher und höher zog, das war der Zusammenklang aller Instrumente; und der zarte, feine Klang, der sein Herz so heftig schlagen machte – das mußte die Geige sein! Eines Morgens hatte er an einem Flüßchen eine rote Blume gefunden; ein Wassertropfen lag auf ihrem Kelch; dann hatte ein Sonnenstrahl den Tropfen berührt, und er hatte auf der Blume in Davids Hand gezittert und in vielen Farben geglitzert. David dachte, wenn ein Streifen Sonnenlicht einen Tropfen Quellwasser zum Sprechen hätte bringen können, hätte er eine Stimme haben müssen wie die Geige, wenn sie am allerhellsten klingt.

»Zum Teufel, du Strolch! Was hast du mitten am hellichten Tag auf fremder Leute Grund und Boden verloren! Ich werde dir's zeigen, du – jetzt wird es Hiebe setzen, du Lump –«

Es war, als explodiere etwas in Davids Ohren; diese wundervollen Laute, die er als Musik erkannt hatte, waren getötet worden, zertreten, zerstört durch eine böse Stimme. Er erblickte einen schwarzhaarigen Jungen mit häßlichen, boshaften

Augen; aber im selben Augenblick mußte er sich eilends dukken, um den Schlägen auszuweichen. Es war unmöglich zu entkommen; der Junge war so groß wie er selbst; um loszukommen, hätte er zurückschlagen müssen. David schirmte mit den Händen seinen Kopf vor den Fußtritten ab und biß die Zähne zusammen. Allmählich schienen die Schläge weniger hart und auch zögernder zu kommen.

»Du kannst wohl nicht einmal zurückschlagen, was? Du bist wohl zu feige zum Kämpfen, du Hund!«

David gab keine Antwort. Der andere Junge fing wieder an – aber er tat es weniger gewalttätig; es sah fast so aus, als täte er es nur, weil er einen inneren Zwang dazu verspürte. »Schlag doch zurück, du Hund!«

»Nein.«

Der Junge schien es müde zu werden, auf ihn einzuschlagen, zumindest im Augenblick. David setzte sich auf. Das Blut floß ihm aus der Nase.

»Du hast mich am Ende auch noch gern, weil ich dich verprügle!« Die Stimme des Jungen klang herausfordernd.

David betrachtete ihn ganz ruhig. »Nein. – Ich hasse dich. Ich würde dich ebensosehr hassen, wenn du einen anderen schlagen würdest. Es wäre mir eine Wohltat, wenn du augenblicklich tot umfallen würdest, denn dann wüßte ich, daß deine Augen nie wieder etwas Schönes ansehen könnten.«

Der fremde Junge sah ihn verblüfft an. »Warum schlägst du dann nicht zurück?« fragte wütend.

»Wenn ich zurückschlagen würde, wäre ich genauso erbärmlich und verabscheuungswürdig wie du – und ich würde mein Recht verwirken, ein freier Mensch zu sein.«

Der fremde Junge grinste ihn an, aber es war ein unsicherer Ausdruck in seinen Augen; sie flackerten ein wenig. »Du bist ja verrückt«, sagte er. »Was bildest du dir eigentlich ein, mit wem du sprichst?«

»Ich bilde mir überhaupt nichts ein. Ich spreche mit einem von jenen, die Gewalt lieben – und deshalb will ich nicht mehr mit dir sprechen. Du kannst mich ja wieder schlagen, falls du mich fangen kannst.«

David stand behende auf und lief davon. Er lief nicht allzu rasch, denn sein ganzer Körper tat ihm weh von den Schlägen. Aber der andere Junge folgte ihm nicht. Er rief nur: »Idiot! Du bist ja verrückt, du feiger Hund!«

David hatte den Eindruck, er rufe so laut, weil er selbst nicht hören wollte, was er aussprach.

David mußte erbrechen. Jedesmal wenn er an den fremden Jungen dachte, wurde ihm übel. Sie hatten es hier in Italien doch alle so gut – so viel zu essen – und all das Schöne, das Meer und das Land und alle die vielen Farben. Und trotzdem war es möglich, daß sie Gewalt liebten; der Junge war nicht anders als Karel im Lager; zumindest nahezu, denn Karel hörte immer erst auf zu schlagen, wenn sein Opfer die Besinnung verloren hatte. Aber der Junge hatte zum Schlagen ja auch nur seine Hände gehabt; deshalb war er wohl schneller ermüdet.

Einen Augenblick lang dachte David, daß es außerhalb der Gefangenenlager auch keine guten Menschen gäbe. Dann fielen ihm Tancrede und Angelo ein und die Engländer, die zwar unwissend, aber nicht böse gewesen waren. Und er dachte an den Mann mit den Broten, zu der Zeit als er auf der Klippe gewohnt hatte; der war ebenfalls nicht böse gewesen; er hatte nur nicht genügend Mut besessen, einen Jungen in Frieden ziehen zu lassen, ihn ziehen zu lassen, ohne ihn zu verraten – jedenfalls nicht auf die Dauer.

Doch es gab bestimmt einen Ort, wo alle gut waren. Er wollte ein solches Land finden – vorausgesetzt, daß er es erreichen konnte, bevor er wieder festgenommen wurde. Aber zuallererst wollte er sich waschen. In der Nähe mußte ein Fluß sein. Er sah es dem Gelände an.

Und wirklich fand er einen großen Fluß; zwar war er jetzt fast ganz ausgetrocknet – aber schließlich war Hochsommer. David zog seine Kleider aus, legte sie ins Wasser und schrubbte gründlich seinen ganzen Körper ab. Die Seife würde davon kleiner werden, aber das spielte jetzt keine Rolle; jede Berührung des fremden Jungen mußte er herunterwaschen. Solange auch nur ein Fleckchen an ihm war, konnte er nicht das Gefühl haben, sich selbst zu besitzen.

Er wusch sich auch die Haare. Dann legte er seine Kleider zum Trocknen aus und sich selbst daneben. Er bemühte sich, ganz ruhig zu atmen und nicht an den Jungen zu denken. Lieber wollte er sich daran erinnern, wie Musik klingt. War in dem schönen Haus ein großes Orchester gewesen? Oder war es vielleicht ein Radio?

Er schrak auf, als er in der Nähe Stimmen hörte. Er zog seine nassen Sachen zu sich her. Von einer Seite deckte ihn ein großer Stein, und vor ihm standen der Stamm eines Olivenbaumes und dichte Reihen von Rebstöcken. Sie waren alt und knorrig, und wenn er sich duckte, konnte er sich ganz dahinter verbergen.

So klang es, wenn Kinder spielten. Er beschloß, ihnen zuzusehen. Bisher war er immer weggelaufen, wenn er Kinder gesehen hatte. Er fürchtete sich vor ihnen. Er hatte noch nie mit Kindern gesprochen und wußte nicht, wie er es machen sollte. Schon am ersten Tag auf der Klippe hatte er sich entschlossen, Kindern auszuweichen; sie waren sicher gefährlicher als Erwachsene – außer DENEN natürlich. Gefährlicher waren sie deshalb, weil es ihnen schneller auffallen würde, daß er anders war. Die Erwachsenen wissen gar nicht richtig, wie Kinder sind, hatte ihm Johannes einmal gesagt. Kinder würden also bestimmt sofort herausbekommen, daß er nichts von alldem konnte, was andere Kinder können. Er wußte ja nicht einmal, wie man spielt! Die Leute sprachen immer davon, daß Kinder spielen – aber unter »spielen« verstand man so viele verschiedene Dinge, daß David es aufgegeben hatte, ergründen zu wollen, was man wirklich darunter verstand.

Es gab so viele andere wichtige Dinge, die er lernen mußte. Spielen gehörte nicht dazu, da er den Kindern ausweichen wollte.

Jetzt aber konnte er von hier nicht fort, solange sie da waren – also konnte er ihnen ebensogut zuschauen. Vorsichtig bog er mit der Hand einige Weinreben auseinander und machte sich ein Guckloch.

Es waren zwei kleine Jungen. Sie waren viel kleiner als er; und dann war noch ein Mädchen dabei, das etwas größer war; aber sehr groß war es noch nicht. Sie rannten und lachten und riefen alle durcheinander. Sie liefen um ein kleines Haus herum, das anders aussah als die Häuser, in denen Menschen wohnen. Es war eine Hütte, in der Gerätschaften, Schubkarren und Körbe für die Ernte aufbewahrt wurden.

David mußte das Mädchen unentwegt anstarren. Es hatte sehr langes, schwarzes, lockiges Haar, das mit einem roten Band zusammengehalten wurde. Alles an ihm war so zart und fein – nicht nur das rote Kleid, das es anhatte, sondern alles an ihm; wenn es lachte, klang es wie kristallenes Glas, wenn es aneinanderstößt; und wenn es sich bewegte, war es, als wiege sich eine Blume im Wind.

Sie wollten ein Spiel spielen, das sie »Davy Crockett und die Indianer« nannten. Erst wollten die kleinen Jungen spielen, sie wären Indianer, die das Mädchen in der Hütte gefangensetzten; dann wollten sie weggehen und später als Davy Crokkett wiederkommen und es befreien.

In Davids Ohren klang das sehr albern – aber wahrscheinlich nur deshalb, weil er nicht wußte, wie richtige Kinder sind, dachte er bei sich. Selbst wollte er nie etwas anderes sein als David. Andere mochten ruhig anders sein. Er wollte so gern seine Freiheit bewahren, bis er ein sicheres Land gefunden hatte; aber David wollte er immer bleiben. Deshalb hatte er ja auch an dem Morgen, als er die Klippe fand, beschlossen zu leben. Solange er ein Gefangener in einem Gefangenenlager gewesen war, war alles gleichgültig gewesen; dort tat jeder das, was die anderen taten, und gehorchte so wie die anderen; das bedeutete, nicht Mensch zu sein. Aber seit dem Morgen, da er wußte, daß er David war, der sich selbst besaß und der selbst an alles denken durfte, war alles anders geworden. Nein – David wußte ganz bestimmt, daß er niemals spielen wollte, etwas anderes als David zu sein.

Nun war das Mädchen in das kleine Haus hineingegangen; also gab es nichts mehr zu sehen. Auch war er müde geworden. Drum wollte er schlafen, bis die kleinen Jungen zurückkamen.

Dann würden die drei Kinder miteinander weggehen, und er konnte seinen Weg fortsetzen.

David erwachte davon, daß jemand rief und weinte – und die Luft roch seltsam.

»Sie brennt! Sie brennt! – Cecha, du bist schuld, du hast dir das ausgedacht. – Du weißt genau, daß wir nicht mit Streichhölzern spielen dürfen –«

Es waren die beiden kleinen Jungen. Und die Hütte brannte!

»Was sollen wir tun? – Cecha, schnell! Lauf zu Carlo und hole ihn! – Oh, hoffentlich verbrennt sie nicht inzwischen –«

Die beiden kleinen Jungen weinten. Der eine lief in der Richtung davon, aus der David gekommen war; der andere blieb stehen und heulte weiter.

Sie brennt – das Mädchen! Es war nicht das Haus – es war das Mädchen, das sie meinten – das Mädchen, das einer Blume glich, war drinnen im Feuer!

David schoß hoch, lief einige Schritte auf die Hütte zu, wandte sich um und griff nach seinen Kleidern, warf sie in den Fluß und sprang hinterdrein. Jetzt war alles wieder tropfnaß...

David hatte das Gefühl, es seien Stunden vergangen, ehe er das kleine Haus erreichte – so viele Gedanken waren ihm während des Laufens gekommen. Ein Mann im Lager war einmal aus einem brennenden Haus gelaufen und hatte sich nasse Lappen vors Gesicht gehalten; dadurch hatte er den Rauch ertragen können, ohne bewußtlos zu werden und ohne daß sein Kopf Feuer fing. Hoffentlich konnte er sie herausholen; die Wände brannten noch nicht, aber die Tür stand in hellen Flammen – und all das trockene Laub und das Astwerk, woraus das Dach gemacht war – er mußte das Mädchen herausholen, bevor all das noch richtig Feuer fing...

Er war schon im Begriff, Gott anzurufen, er möge ihm helfen; das Mädchen, das einer Blume glich, wollte Gott bestimmt nicht sterben lassen; es war so wunderschön anzusehen. – Hier war nun etwas, was er zur Vergeltung *für* Gott tun konnte!

Er konnte es nicht laut sagen, denn er lief viel zu schnell

– aber er sagte es in seinem Herzen: ›Gott der grünenden Weiden und der Wasser, Du brauchst mir nicht zu helfen – ich will es selbst tun, damit Du siehst, daß ich etwas gefunden habe, was ich für Dich tun kann. Ich bin David. Amen.‹

Nun hatte er das Haus erreicht. Der kleine Junge, der dageblieben war, weinte und weinte. David konnte vom Fluß her andere Stimmen hören, hatte aber keine Zeit, sich umzusehen. So schnell er konnte, knüpfte er sein Bündel auf, nahm das Messer heraus, hob seine nasse Jacke wieder auf und hielt sich mit der anderen Hand die nasse Hose vor Nase und Mund. Dann lief er hinein in die Flammen.

Im Innern war das Feuer nicht so stark, aber er konnte vor Rauch nichts sehen. Mitten im Raum saß das Mädchen; sie hatten es an einem Stuhl festgebunden; die Tränen liefen ihm über die Wangen; es hustete und hustete und rief zwischendurch jämmerlich um Hilfe.

Erst wollte David zu ihm hinlaufen – aber da fiel ihm ein, daß er zuerst überlegen müsse. Er mußte schnell überlegen, jedoch so sorgfältig, als hätte er eine Menge Zeit. In erster Linie galt es, die Schnüre durchzuschneiden; die Flammen begannen sich von der Tür her rasch über den Fußboden auszubreiten, sie züngelten zu den Holzwänden hin, wo trockenes Laub lag. Das Haus hatte keine Fenster; sie mußten wieder durch die brennende Tür hinaus. Daneben waren Körbe und Kisten aufgestapelt. David versetzte ihnen einen Stoß, damit die Flammen sie nicht erreichen konnten. Einige Kisten stellte er nebeneinander auf den Fußboden, um eine Brücke zur Tür hin zu bauen. Dann griff er nach einem Besen, der bereits ein wenig schwelte, und kehrte damit das trockene Laub von der Wand weg zu den Körben hin, damit das Feuer – so hoffte er – dort Nahrung suchen würde, statt sich gleich über den ganzen Raum auszubreiten.

Inzwischen mußte auch er husten – er konnte sich nicht gleichzeitig etwas Nasses vors Gesicht halten, die Körbe wegschieben und auch noch kehren.

Dann erst wandte er sich an die Kleine. »Mach die Augen

zu«, sagte er zu ihr, »und auch den Mund!« Er wickelte ihr die nasse Jacke ums Gesicht – nicht zu fest, nur so, daß ihre Nase und ihr Mund durch die Jacke atmen konnten; nun erst schnitt er die Fesseln durch. Zum Glück war es nur Bindfaden! Sein Messer war nicht besonders scharf, und er mußte oft damit hin und her fahren; die Kleine begann schon ungeduldig zu werden. David hielt ihren Fuß fest, um ihr zu zeigen, daß sie stillhalten mußte. Er wagte nicht zu sprechen, um nicht noch mehr Rauch zu schlucken. Die Hitze war fast unerträglich – aber er wollte, wollte – es mußte gelingen!

Endlich waren die Fesseln zerschnitten; die Kleine erhob sich wankend vom Stuhl und zog die Jacke vom Gesicht weg. David konnte nur noch blinzeln; seine Auge brannten und schmerzten; aber er sah, daß sie ihn anschaute – mit großen, schwarzen Augen. Dann schloß sie die Augen, stolperte und wäre gefallen, wenn nicht David sie festgehalten hätte. Sie war ohnmächtig geworden. Das bedeutete, daß sie nicht selbst mit ihm hinauslaufen konnte; er mußte sie tragen.

Einen kurzen Augenblick lang hatte David das Gefühl, er habe Gott zuviel versprochen. Er konnte es nicht bewältigen. Vielleicht hatte der Rauch sie getötet. Er legte sie auf den Boden und horchte mit dem Ohr an ihrer Brust; so hatten es die Männer im Lager gemacht, wenn sie wissen wollten, ob einer noch lebte. Und er konnte hören, wie ihr Herz schlug.

David wickelte dem Mädchen die Jacke wieder um den Kopf und zog sich selbst die Hose übers Gesicht; sie war so verschlissen, daß er lediglich den Finger durch ein Loch stecken und es etwas größer machen mußte – er mußte doch wenigstens die Tür sehen können. Falls er das Mädchen nicht ganz durch das Feuer würde tragen können, wollte er es hinauswerfen; das würde er noch schaffen, bevor er selbst verbrannte. Er hatte Angst vor dem Verbrennen. Es war besser, jetzt nicht zu denken. Er wollte versuchen, das Mädchen hochzuheben und drauflos zu laufen. Es war schwer. Es war gut, daß es nicht ganz so groß war wie er selbst, sonst hätte er bestimmt nicht genug Kraft gehabt. Eine Sekunde lang zögerte David vor dem lärmenden, prasselnden Feuer, das einmal eine Tür gewesen war. Dann ging er mitten hindurch.

Und dann war es vorüber. Er war durchgekommen und hatte das Mädchen bei sich. Später konnte er sich an die Reihenfolge der Ereignisse nicht mehr erinnern. Draußen waren die beiden Jungen und noch ein paar andere; zwei waren etwas größer. Er hustete und hustete und wäre vermutlich hingefallen, wenn er nicht hätte auf das Mädchen aufpassen müssen. Die anderen redeten laut und aufgeregt durcheinander und wollten sie anfassen, aber er schob sie alle weg. Er setzte sich mit dem Mädchen auf die Erde und nahm ihm und sich die schützenden Kleidungsstücke vom Gesicht. Sie waren kaum noch feucht.

Dann entdeckte er, daß die Haare des Mädchens brannten; eine von den langen Locken war nicht zugedeckt gewesen. Das Feuer glaubte wohl, es könne ihm seine Beute doch noch streitig machen! David hörte nicht, daß ein Auto anhielt, auch nicht, daß er selbst vor Wut aufschrie; er schleuderte seine Jacke von sich und griff mit beiden Händen in das Haar des Mädchens; er drückte und drückte und merkte nicht einmal, daß er sich dabei verbrannte; das Feuer war bald erstickt, doch preßte er den Kopf der Kleinen fest an seine Brust, um auch die letzte Glut zu tilgen. Falls sich noch irgendwo ein Funke verborgen hielt, sollte er nicht glauben, er könne sich des Mädchens bemächtigen. David mußte wieder husten. Mit der freien Hand fuhr er sich schwindlig über die Augen; dann starrte er hinunter auf den schwarzen Kopf. Nein, jedes Fünkchen war erlosschen – das Feuer hatte das Mädchen nicht verbrennen können, und auch nicht sein langes, schwarzes Haar.

Sie schien aus ihrer Ohnmacht zu erwachen; er konnte es an ihren Augenlidern erkennen. David hielt das Mädchen noch immer fest. Es war, als wäre er zu müde für den Gedanken, daß er es loslassen müsse. Er saß da und wußte nur das eine: Er hatte das Feuer überwunden und sein Versprechen gehalten. Das Mädchen, das einer Blume glich, war nicht tot. Es schlug die Augen auf und schaute David an, fragend, jedoch nicht so, als wäre es bange, sondern so, als sei es sicher, daß alles gut war.

»Wer bist du?« fragte es ihn.

Nicht – woher kommst du? Oder – wie heißt du? Oder – was willst du? Wie die Menschen sonst fragen. Sondern – wer bist du?

»Ich bin David.«

Ihre Wimpern waren sehr lang und schimmerten schwarz; sie glänzten, als ob die Sonne darauf schiene. Und nun lächelte sie, erst ganz zaghaft, aber er konnte die kleinen weißen Zähne zwischen den hellroten Lippen sehen. David spürte, wie sich in seinem Inneren etwas ereignete; er hatte ein ähnliches Gefühl wie beim Anhören der Musik – einfach wundervoll. Und es geschah auch etwas mit seinem Gesicht; es bewegte sich, ohne daß er etwas dazutat. – »David?« fragte das Mädchen – nicht so, als hätte es ihn nicht verstanden, sondern so, als wäre es etwas Gutes; und sie hörte nicht auf zu lächeln.

Da wußte David, daß er jetzt selbst lächelte.

»Ja«, sagte er.

Einer von den Menschen, die herumstanden, wischte sich die Augen; aber es war keiner von den kleinen Buben, es war ein erwachsener Mann. Da hörte David eine wohlbekannte Stimme. Eine Stimme, die sagte: »Und ich habe gesagt, du wärst ein feiger Hund! Noch nie habe ich jemanden etwas so Mutiges tun sehen. Vater, du hast es nicht erlebt! Die Kleinen hatten sie gefesselt – und er ist durch die brennende Tür hineingegangen und hat sie befreit und hat sie durchs Feuer hinausgetragen –«

»Ich habe ihn herauskommen sehen, Carlo. Er hat Maria das Leben gerettet, im letzten Augenblick. – Sieh nur, das Feuer hat bereits auf das Dach übergegriffen. Wir wären zu spät gekommen, Carlo; wenn er nicht gewesen wäre, hätten wir Maria verloren!«

»Und selbst wenn ich rechtzeitig hiergewesen wäre, glaube ich nicht, daß ich es gewagt hätte – und ich, Vater, ich habe ihn heute nachmittag fortgejagt –«

»Der Junge hat sich verbrannt, Vater; schau nur, er ist ganz schwarz an Armen und Beinen – und er hat keine Kleider –«

Das war nun einer von den kleinen Jungen; er hatte endlich aufgehört zu weinen.

David hörte ihre Stimmen wie aus weiter Ferne. Er konnte den Blick nicht vom Gesicht der Kleinen wenden, denn er wußte, daß sie es gewesen war, die ihn zum Lächeln gebracht hatte. Angenommen, das Lächeln verging, wenn er aufhörte, sie zu betrachten – dann würde er nie erfahren, wie es zuging, wenn man lächelte. Und lächeln bedeutete doch, daß man froh war! Oder war es Glück? Johannes hatte gesagt, das sei zweierlei: Die Freude könne vergehen – aber Glück könne nie ganz verschwinden, es bleibe stets ein kleiner Rest zurück, um einen daran zu erinnern, daß es dagewesen sei. – Doch, dies hier war Glück. Er würde es niemals vergessen.

David saß auf dem Erdboden, verbrannt und rußgeschwärzt; er war splitternackt, doch seine Gedanken waren voller Glück und Triumph, und er hielt die Beute fest, die er dem Tod entrissen hatte. Er hatte gesagt, daß er es tun wolle – und er hatte es getan. Er, David, hatte Gott versprochen, ihm das Mädchen zu geben, allein und ohne Hilfe. Und dann hatte er es getan. Gewiß war Gott zufrieden mit der Gabe. Hatte er ihm nicht gleich darauf gezeigt, wie man lächelt? – Und das Mädchen, das so schön war und das er so gern berührte, wollte gar nicht viel wissen. Ihr schien es zu genügen, daß er David war. O ja, es war ganz offenbar, daß Gott sich der Gabe freute.

»Soll ich sie dir abnehmen, David?«

David schaute überrascht auf. Der Mann, welcher der Vater der Kinder war, lächelte ihn freundlich an, streckte aber die Hände nicht aus. Es war, als verstünde er, daß das Mädchen ihm gehörte; ihm, David, der es aus dem Feuer geholt hatte; als wollte er es ihm nicht nehmen, bevor er es erlaubte.

Plötzlich spürte David, wie sehr seine Hände schmerzten und wie entsetzlich müde er war. »Ja, Sie dürfen es gern«, sagte er.

Das Mädchen sträubte sich ein wenig, und als der Vater es hochhob, so daß David es nicht mehr sehen konnte, rief es gleich: »David!«

Er versuchte, sich zu erheben, und der böse Junge, den sie

Carlo riefen, reichte ihm die Hand, um ihm zu helfen. Er sah jetzt nicht boshaft aus, aber David scheute vor seiner Berührung zurück und kam allein auf die Beine.

»Na ja, versteh doch, du brauchst dich nicht zu fürchten«, sagte Carlo eifrig. »Ich wußte ja nicht... du kannst dir doch denken, daß ich nie jemand Mutigeren gesehen habe. Es tut mir schrecklich leid, daß ich – daß ich dich verhauen habe – Verzeihung –«

»Ich habe keine Angst«, sagte David nur. Dann ging er weiter, bis das Mädchen ihn sehen konnte, und sagte: »Ich begleite dich bis ans Auto.«

Das Mädchen lächelte wieder und streckte die Hand nach ihm aus. David zögerte – dann nahm er sie in seine.

»Das tut Davids Händen weh, Maria«, sagte der Vater; aber das Mädchen ließ nicht los, sondern zog sogar ein bißchen, so daß David mitgehen mußte. Dann hob sie Davids Hand hoch und legte ihre Lippen darauf. »David«, sagte sie.

David spürte es in seinem Gesicht – er lächelte wieder. Es wunderte ihn. War denn das Lächeln etwas, wofür man nichts konnte? Nur etwas, was ganz von selbst geschah? Wenn sie abgefahren waren, wollte er wieder an das Mädchen denken und versuchen, ob er dabei lächeln könnte. Er wollte daran denken, wie sehr es einer Blume glich. Und daß er David war, hatte ihr genügt.

Doch sie wollten ihn nicht gehen lassen. Niemand; weder die kleinen Buben, die seine Sachen trugen – der eine die Hose, der andre die Jacke –, noch der Große, Carlo, und der, der Andrea hieß; auch sein Vater sagte, es könne gar nicht die Rede davon sein; David müsse mit ihnen nach Hause fahren.

David versuchte es mit der Ausrede, daß er weiter müsse, und griff nach seinen Sachen. Aber die Kleinen sprangen um ihn herum und lachten und riefen: »Du darfst nicht, du darfst nicht! Du mußt erst mit uns heimgehen.« Und der Junge, der Andrea hieß, lachte auch und versteckte Davids Bündel hinter dem Rücken.

David wurde ärgerlich. Sie freuten sich, weil das Mädchen

nicht verbrannt war – aber sie hatten kein Recht, über ihn zu bestimmen. Das Recht hatte niemand!

Da sagte der Vater der Kinder: »Ich heiße Giovanni di Leoana del' Varchi. Das hier sind meine Kinder: Andrea und Carlo, die beiden da heißen Cecha und Giuglio, und – Maria. Wir wollen dich nicht lange aufhalten, wenn du es eilig hast. Doch wir möchten dir danken für das, was du für uns getan hast. Die Freude darfst du uns nicht versagen. Was, glaubst du, würde wohl Marias Mutter denken, wenn ich dich ziehen ließe, ohne daß sie dir danken konnte! Du hast doch Maria das Leben gerettet. Nein, David, das kannst du nicht von mir verlangen.«

Davids Ärger schwand. Sie wollten nicht über ihn bestimmen, sondern er sollte etwas für sie tun. Er sollte ihnen eine Freude machen. Und die Freude darf man doch niemandem nehmen.

Der Mann mit dem langen Namen lächelte ihn an. Aber David konnte nicht zurücklächeln; er konnte es nur, wenn er das Mädchen ansah. Statt dessen sagte er ernst: »Ich will nichts von Ihnen verlangen. Aber natürlich tue ich gern, was Sie wünschen, Signore.«

Er langte wieder nach seinen Kleidern, und die Jungen gaben sie ihm; aber der Vater sagte schnell: »Nein, Kinder, gebt David die Decke vom Rücksitz. Er soll sich darin einwickeln. Sie ist weicher und wird nicht so sehr an seinen Wunden scheuern.«

David sah die schöne, buntkarierte Decke ängstlich an. »Aber ich bin ganz schwarz von dem Feuer, Signore; ich könnte die Decke beschmutzen.«

Die Kinder riefen alle, das sei doch ganz gleichgültig. David wurde vorsichtig in die Decke eingehüllt und zusammen mit Maria auf dem Vordersitz untergebracht. Sie drückte sich ganz fest an ihn, obwohl es ein sehr großes Auto und viel Platz darin war.

Wie gut, daß er bereits einen neuen Namen gefunden hatte, wo sich der Zirkus befinden sollte! Die Jungen fragten und fragten nämlich, bis ihr Vater schließlich sagte, sie sollten David in Ruhe lassen.

Sie fuhren durch ein sehr hohes Tor und durch einen Garten, der so groß war, daß man kein Ende sehen konnte. Und das Haus, in dem die Kinder wohnten, war das schöne Haus, das David am Nachmittag gesehen hatte.

Blitzschnell kam David der Gedanke, daß ein Haus gefährlich sei. Aber alle waren ja froh, daß er das Mädchen gerettet hatte. Solange sie nicht entdeckten, woher er kam, würden sie ihm sicher auch nichts Böses tun; und es würde unsagbar gut sein, zu lernen, wie es in einem Haus zuging. Trotzdem verspürte David eine dunkle Unruhe, als er auf seinen nackten Füßen die breite Treppe hinaufging und durch die große, reich geschnitzte Tür trat. Was würde drinnen im Hause geschehen? Vielleicht nichts Böses – aber – immerhin etwas; etwas Schwieriges, etwas, was anders sein würde; etwas, was die Dinge erschwerte; etwas Unerwartetes, was man nicht einordnen konnte. David konnte sich nicht erklären, weshalb er beunruhigt war, und schob den Gedanken beiseite. Nun war es geschehen – er hatte ein Haus betreten.

Zuerst geschah so vieles, daß er es einfach nicht erfassen konnte. Das Haus war voll von Dingen; und dann waren da Frauen in schwarzen Kleidern mit weißen Schürzen; das waren die Dienstboten. Und eine wunderschöne Frau gab es, das war die Mutter der vielen Kinder; sie weinte und lachte zugleich, und es war sehr schwer zu vermeiden, daß sie ihn berührte. Dann telefonierte sie nach einem Arzt. David sagte, er wolle sich sehr gern waschen – aber das durfte er nicht, ehe der Arzt ihn gesehen hatte. Es nützte nichts, daß David einwendete, er glaube nicht, daß er sich schlimm verbrannt habe.

Dann kam der Arzt und bestätigte, daß David recht habe. Maria war überhaupt nichts zugestoßen, weil David sie so schnell durchs Feuer getragen hatte. Er sagte, David habe es seinen dicken Fußsohlen zu verdanken, daß er bei seiner Heldentat so gut davongekommen sei. Er habe einige Brandwunden an Händen, Armen und Beinen, aber die würden rasch heilen.

David wußte, daß Ärzte gute Menschen sind. Ins Lager

durfte nie einer kommen. Die anderen Gefangenen hatten immer gesagt, daß ein Arzt kranken Menschen helfen könne. Deshalb ließ er es geschehen, daß der Arzt ihn berührte und den Schmutz mit einer Flüssigkeit aus seiner Flasche entfernte. Es tat recht weh. Danach strich er etwas auf die verbrannten Stellen, was ebenfalls schmerzte. Aber der Arzt erklärte ihm, daß es morgen viel ärger weh tun würde, wenn er die Wunden nicht behandele. Nun solle David schön schlafen, und beim Erwachen werde alles besser sein.

Es stimmte tatsächlich, daß er es besser hatte. Er hatte es sogar ganz außerordentlich gut, obwohl die Hände noch immer weh taten. Er schlug die Augen auf und stellte erstaunt fest, daß er in einem Bett lag! Er rückte ein bißchen zur Seite, aber überall fühlte sich das Bett gleich mollig und unfaßbar weich an. Neugierig setzte er sich auf. Das Bett gab nach und schaukelte sanft unter ihm. Dies also war ein Bett: eine große Kiste mit Beinen darunter und hergestellt aus glänzendem, dunkelbraunem Holz; und Kissen gab es da! – Kissen und Bettlaken!

O ja, es würde sehr nützlich und interessant sein, ein Haus von innen zu betrachten – und alle die vielen Worte, die er dabei verwenden konnte! Alle jene Worte, die er kannte und die er bisher noch nie gebraucht hatte, weil er die Dinge nicht kannte, die damit zusammenhingen. Er hätte sie vielleicht falsch eingesetzt – und sich mit seiner Unwissenheit blamiert. Außerdem kam er sich dumm vor, wenn er ein Wort aussprach, das ihm im Herzen nichts bedeutete. Bettlaken – Leintücher – man stelle sich vor, jede Nacht in einem solch weichen Bett schlafen zu dürfen, in dem man nicht fror! Und auf solch glatten weißen Laken liegen zu dürfen, die einem das Bewußtsein gaben, daß alles ringsum so sauber war wie man selbst!

Er betrachtete das Bettuch näher. Er hatte beinahe Herzklopfen vor Ungeduld; er wollte das Zimmer genauer untersuchen und alles, was sich darin befand. Aber erst mußte er noch etwas anderes in Ordnung bringen. Er hatte erfahren, was Glück bedeutet – und er hatte lächeln gelernt, ohne es vorher im Spiegel zu üben. Es war eine sehr, sehr wichtige Sache

– wichtiger als das mit dem Bett. Das konnte er ja nicht mitnehmen; aber das andere, das würde er auch besitzen, wenn er von hier fortging.

Das Danken dürfe man niemals vergessen, hatte Johannes ihn gelehrt. Er hatte damit wohl den Dank an andere Menschen gemeint – aber Johannes war dabei sehr streng gewesen; er hatte sogar verlangt, daß David sich bei DENEN bedankte, zum Beispiel wenn er etwas zu essen bekam. David hatte es nicht tun wollen. Nicht bei DENEN. Aber Johannes hatte gesagt: ›Höflichkeit ist etwas, was du anderen Menschen schuldest, denn alles wird leichter und besser, wenn du dich höflich erweist. Und wenn du niemals andere Menschen darüber bestimmen läßt, wie du im Innern bist, dann besitzt du etwas, was dir niemand nehmen kann; nicht einmal DIE. Gleichgültig, wie andere sind, aber du mußt immer David sein. – Kannst du verstehen, was ich meine?‹

David hatte nicht sofort ja gesagt, denn Johannes wollte immer haben, daß er erst gründlich überlegte und dann die richtige Antwort gab. Aber später hatte er es wohl verstanden; zumindest teilweise. Ein Inspektor war ins Lager gekommen, der meinte, David wisse vielleicht etwas über Johannes. Der MANN hatte gesagt: ›Der Junge weiß nichts‹ – und das hatte ja auch gestimmt. Aber falls er nun etwas gewußt hätte, was SIE gern wissen wollten, so hätte er trotzdem versucht zu schweigen; selbst wenn SIE ihm für seine Aussage eine Extraportion Essen gegeben hätten. Weil er David war – und ein Freund von Johannes –, würde er versucht haben zu schweigen; nicht der anderen wegen, die etwas sagen oder tun konnten.

Seither hatte er immer danke gesagt, wenn er zu essen bekam; nicht so, daß SIE hätten meinen können, er hasse sie nicht, sondern so, daß sie sehen konnten, wie höflich er war. Denn er wollte höflich sein.

David starrte das Leintuch unverwandt an, denn er wollte nicht in Versuchung kommen, erst etwas anderes im Zimmer anzuschauen. Rasch sagte er: »Gott der grünenden Weiden und der stillen Wasser, ich will Dir Dank sagen, weil ich das Glück kennengelernt habe und weil ich gelächelt habe. Danke auch dafür, daß Du mit mir zufrieden warst, weil ich das Mädchen für Dich gerettet habe. Ich hoffe, daß ich auch noch etwas anderes finden werde, das ich für Dich tun kann, denn dies hier war sehr schwierig, und ich hatte große Angst vor dem Feuer. Es würde mir sehr schwerfallen, so etwas noch einmal zu tun. Sei bitte so gut und laß es noch für dreimal Hilfe gelten, falls ich sie brauche. Ich bin David. Amen.«

Kaum hatte er Amen gesagt, war er schon aus dem Bett gesprungen. Auf dem Fußboden lag ein großer Teppich; er war sehr weich, und es war angenehm, darauf zu gehen; er hatte viele Farben und Muster. Tisch und Stühle kannte er – aber er hatte nie so schöne gesehen; dann standen da ein Schrank und ein Möbelstück mit Schubladen; es war kein Schreibtisch, aber vielleicht eine Kommode. Kommoden hatten Schubladen. Alles war reich geschnitzt – Früchte und Tierköpfe oder nur Ornamente. Das Fenster war sehr groß und hoch, und zu beiden Seiten hingen Gardinen; sie waren aus dickem, weichem Stoff, der die gleiche Farbe hatte wie die Blätter von Olivenbäumen.

David ging lautlos umher und sah sich die Dinge genau an, berührte sie und schaute wieder. Auf dem Tisch standen eine Schale und zwei hohe, schlanke Dinge, über die er sehr gründlich nachdachte, bis er zu dem Resultat kam, es müßten Kerzenleuchter sein. Sie glänzten. Silber? Ja, es war bestimmt Silber. David kostete das Wort aus. Silber war etwas sehr Vornehmes und Schönes. Es paßte auf die Beschreibung, die David von Silber gehört hatte.

Sein Blick glitt an den Wänden hinauf. Dort hing ein Bild. Es glich nicht den Bildern, die er an Hauswänden und Geschäften gesehen hatte. Es war eines, das eine schöne Gegend darstellte. David stieg auf das Bett und streckte sich, um besser sehen zu können. Es war ein Gemälde, dessen war er ganz sicher, denn es war ganz so, wie die Männer im Lager ein Gemälde beschrieben hatten.

Ganz überwältigt setzte David sich aufs Bett. Hoffentlich konnte er sich das alles merken! Zu der Zeit, als er etwas über die Dinge außerhalb des Lagers erfahren hatte, war er noch sehr klein gewesen; und Johannes hatte es nicht leiden mögen, wenn die Männer ihm zuviel darüber erzählten. Er hatte gesagt: ›Was der Junge nicht kennt, wird er auch nicht entbehren.‹ Das hatte David einmal gehört, als die anderen glaubten, er sei eingeschlafen. Sie hatten ihm geantwortet, wenn er fragte – und damit Schluß. Seit Johannes tot war, hatte er sowieso mit niemandem mehr gesprochen.

Es war also ein Glück, daß er überhaupt etwas erfahren hatte. Jetzt galt es nur, sich alles gut zu merken und genau aufzupassen, daß weder die Kinder noch deren Eltern entdeckten, wie wenig er wußte.

Ob er wohl im Zimmer bleiben sollte, bis jemand kam und ihn holte? Oder konnte er einfach so hinausgehen? Aber er hatte ja keine Kleider hier! In einem Haus konnte er doch bestimmt nicht ohne Kleider umhergehen.

Ehe das Problem sich noch ausweiten konnte, wurde die Tür vorsichtig geöffnet, und die Mutter der Kinder schaute herein.

»Nun, du bist ja wach«, sagte sie und lächelte dabei. »Ich bringe dir Wäsche und Kleider, falls du nun aufstehen möchtest. Aber du kannst ruhig im Bett bleiben, wenn du willst. Tun dir die Hände weh? Oder hast du größere Schmerzen in den Füßen?«

David antwortete, die Schmerzen seien an den Knöcheln am größten, doch allzu schlimm sei es nirgends, und er wolle gern aufstehen. »Aber nein, das sind doch gar nicht meine Kleider!« wehrte er ab, als er sah, was die Mutter der Kinder ihm auf den Stuhl gelegt hatte.

»Nein, deine werden erst gewaschen. Das hier sind Sachen von Andrea. Sie werden dir sicher passen.«

David schaute die Kleidungsstücke ängstlich an. »Ich könnte damit irgendwo hängenbleiben«, meinte er.

»Mein lieber Junge, verstehst du denn nicht, daß wir dir vergelten möchten, was du für uns getan hast – falls wir es überhaupt können!«

David wußte nicht, was es da zu vergelten gab. Es klang ihm widersinnig, denn äußerlich konnte man einem Menschen doch nichts vergelten? Die Frau meinte etwas Gutes, was sie gern tun wollten, das konnte er verstehen. Fast hätte er ihr erklärt, daß er das Mädchen nicht ihretwegen gerettet habe, sondern seinetwegen; weil er nämlich etwas für Gott habe tun wollen, um ihm zu danken. Aber er ließ es bleiben. Es war wohl am sichersten, nicht viel zu reden. Dann lief er auch nicht Gefahr, etwas zu sagen, was falsch war und sie stutzig machte.

Er zog die Kleider an; das heißt, die Mutter der Kinder half ihm dabei, denn es waren sehr feine Kleider mit Knöpfen und etwas, was man Reißverschluß nannte; David wußte nicht genau, wie man damit umzugehen hatte. Er hatte Hosen bekommen; kurze braune Hosen, wie die Kinder sie trugen – und ein Hemd. Nicht nur eine Jacke, sondern ein richtiges Hemd – mit Knöpfen. Es war grün. Und Strümpfe waren auch da. David hatte noch nie welche getragen. Und eine Art Schuhe, die man Sandalen nennt. Und in der Hose waren Taschen.

David stand ganz still. Seine Augen fingen an zu brennen, so als müsse er weinen. Er hatte nie auch nur zu träumen gewagt, daß er einmal in die Lage kommen würde, solche Kleider zu tragen. Er hatte den sehnsüchtigen Wunsch, sich zu sehen. Er hätte zu gern gewußt, wie er aussah – ob er möglicherweise sogar einem ganz gewöhnlichen Jungen glich.

Es schien fast, als hätte die Frau seine Gedanken erraten. Sie öffnete die Tür des großen Schrankes, auf deren Rückseite sich wahrhaftig ein riesengroßer Spiegel befand.

Ein ganzer Junge hatte darin Platz. Sicher hätte der Spiegel sogar für einen ausgewachsenen Mann gereicht. David betrachtete den Jungen im Spiegel aufmerksam. Er konnte nichts Merkwürdiges an ihm feststellen. Zwar war er nicht schwarzhaarig, doch glich er sonst einem mageren Jungen, der so aussah, wie alle anderen Jungen, die eben nicht dick sind, und dessen Haut vom Wandern in der Sonne gebräunt war.

Ehe er sich's versah, sagte er: »Sehe ich jetzt nicht wirklich wie ein ganz gewöhnlicher Junge aus?« – »Doch«, sagte die Frau, aber es schwang ein Unterton in ihrer Stimme mit, der verriet, daß sie nicht wirklich meinte, was sie sagte. Dann fügte sie hinzu: »Und obendrein siehst du aus wie ein sehr hübscher und noch dazu mutiger Junge. Komm, die Kinder erwarten dich schon ungeduldig. Das wirst du dir denken können. Und außerdem bist du bestimmt hungrig.«

Sie ging so rasch, daß David sich gar nicht richtig im Haus umsehen konnte. Er sah nur, daß überall viele Möbel standen, daß Teppiche auf dem Boden lagen und Bilder an den Wänden hingen; aber er sah nicht, wie sie aussahen. Sie gingen eine hohe, breite Treppe hinunter; dann kamen viele Zimmer, und in einem davon war eine Tür, die in den großen Garten hinausführte. Hier befanden sich die Kinder. Maria sah ein wenig blaß aus, aber der Vater sagte, sie habe unbedingt aufstehen und herunterkommen wollen, um David zu sehen.

David mußte ein klein wenig lächeln, als er sie erblickte.

»So, Kinder, trinkt eure Milch und nehmt David dann mit hinaus zum Spielen. Aber treibt es nicht zu wild. Vergeßt nicht, daß seine Brandwunden sehr empfindlich sind.«

Sie sagten, er müsse jetzt lange bei ihnen bleiben. Zumindest so lange, bis seine Arme und Beine wieder ganz geheilt seien, ja wenn möglich sogar noch länger; vorausgesetzt natürlich, daß er nicht dringend beim Zirkus erwartet werde.

David wußte nicht genau, was er wirklich wollte. Am liebsten wäre er fortgegangen, und trotzdem wollte er ebensogern bleiben, bis er ganz in sich aufgenommen hätte, wie es in einem Haus aussah und wie man darin lebte.

Forschend blickte er in die Gesichter von Vater und Mutter. Sie lächelten beide. Auch die Kinder lächelten.

»Darf ich jetzt gleich gehen, wenn ich will?«

Der Vater lächelte nicht mehr; er sah aus, als stimme ihn die Frage traurig. »Ja, natürlich, David, falls du es wirklich möchtest. Wir wären nur alle sehr froh, wenn du lange bei uns wohnen wolltest, damit wir dir unsre Dankbarkeit beweisen könnten.«

David überlegte. Wenn es nicht allzu gefährlich war, wollte er gern eine Weile hierbleiben und Neues lernen.

»Falls ich gehen kann, wann immer ich will, bleibe ich gern einige Zeit hier«, sagte er dann. »Danke. – Mit dem Zirkus hat es keine Eile. Aber ich möchte Sie bitten, nicht so dankbar zu sein. Ich wollte das Mädchen ja aus dem Feuer retten. Und bedankt haben Sie sich doch bereits.«

»Sicherlich. Aber diesen Dank werden wir unser Leben lang in uns tragen, David – das ist etwas, was man nie wieder vergißt«, sagte der Vater der Kinder leise.

David war an diesem Abend unendlich müde. Aber er durfte sich ja wieder in das Bett legen, das so weich und mollig war. Trotzdem dauerte es lange, bis er einschlief. Er hatte an diesem Tag so viel gesehen! Er konnte sich höchstens an die Hälfte aller Erlebnisse erinnern, denn er hatte in seinem Innern gar nicht Platz genug für so viel auf einmal. Aber an die Mahlzeiten konnte er sich erinnern; nie würde er vergessen können, wie es war, in einem Haus zu speisen; es war fast so schön wie Musik!

Johannes hatte ihm einmal davon erzählt; das war ihm eingefallen, als er den gedeckten Tisch sah. Einer der Mitgefangenen hatte die Bemerkung fallenlassen, daß sie wie das Vieh fressen müßten. Da hatte David wissen wollen, ob die Menschen außerhalb des Lagers andere Tischsitten hätten.

Aber er hatte sich nie ausmalen können, wie es wirklich war. Man saß an einem Tisch, der mit einem Tuch bedeckt war; und das Tuch war so weiß, daß es leuchtete. Da gab es Teller, die mit Blumen bemalt waren; jeder hatte einen eigenen. Dann gab es Leuchter, in denen Kerzen brannten; und in einer Schale standen Blumen. Die Gläser, aus denen man trank, waren ganz dünn und fein und klangen, wenn man nur leicht daranstieß. Dann gab es Messer und Gabeln und Löffel aus Silber; jeder bekam sein eigenes Besteck und sogar eine Serviette, an der man sich abwischen konnte, wenn man sich beschmutzt hatte. David hatte befürchtet, er könne vielleicht nicht richtig essen. Daher schaute er erst, wie Vater und Mutter es machten, und tat es ihnen dann gleich. Es war ein Glück, daß er gewohnt war, sich vorsichtig zu bewegen, sonst hätte er sicher etwas verschüttet. Alle Speisen waren in so reichlicher Menge vorhanden, daß man sie unmöglich aufessen konnte;

es gab viele verschiedene Gänge – und alle schmeckten unglaublich gut. Trotzdem wagte David nicht, allzuviel zu essen, denn er wußte, daß man davon krank werden konnte, wenn man nicht daran gewöhnt war.

Unfaßbar, daß essen etwas Schönes sein konnte! Er wußte jetzt, weshalb die Gefangenen im Lager davon gesprochen hatten, sie müßten fressen wie die Tiere, denn sicher hatten sie alle früher ihre Mahlzeiten in der gleichen Weise zu sich nehmen dürfen wie David erst jetzt in dem schönen Haus in Italien.

Die Dienstboten kamen mit den Speisen herein und trugen sie wieder hinaus, um etwas Neues zu bringen; jedesmal bekam man saubere Teller und Messer und – einfach alles.

Die Kinder sagten, das sei Tag für Tag so bei ihnen – und sogar mehrmals täglich. Morgen würde er es also wieder genießen dürfen.

5

David merkte, wie schwer es war, in einem Haus zu wohnen. Es war nicht eigentlich das Haus, denn es war herrlich, sich darin aufzuhalten; aber es war schwierig mit den Menschen. Immer wieder schien es ihm fast unmöglich, zu erraten, was sie von ihm erwarteten, was er sagen und tun sollte; und manchmal staunten sie über etwas, was er für schicklich und natürlich hielt.

Es war herrlich, in einem Haus zu sein, es war ganz wundervoll. David kostete diese Worte auf der Zunge und sprach sie oft vor sich hin. Er war nun schon viele Tage in dem Haus und hatte viel gelernt; zum Beispiel hatte er gelernt, daß das Wort »schön« mehrere Stufen hat; wenn etwas ein bißchen schön war, sagte man »nett«; wenn es etwas schöner war, war es hübsch – und schließlich schön und prächtig.

Es war ein Vorteil, die Wörter richtig zu kennen; man konnte besser denken, wenn man die Bedeutung vieler Worte kannte. Und es war auch der Menschen wegen wichtig, denn sie waren weit weniger erstaunt, wenn man die Dinge mit dem richtigen Wort bezeichnete. Die Mutter der Kinder hatte gelacht, als er beim Anblick des Badezimmers sagte, es sei lieblich und gut; er hätte natürlich prächtig oder vornehm sagen müssen.

Das Badezimmer würde er nie wieder vergessen – die blanke, hellgrüne Badewanne und all das viele, klare, saubere Wasser, das herausfloß, sobald er an einem Hahn drehte. Er konnte soviel warmes Wasser nehmen, daß außer dem Kopf der ganze Körper damit bedeckt war; und Seife war da, ein riesiges Stück Seife, die viel, viel besser roch als die beiden Stücke, die er selbst besessen hatte. Sie schäumte herrlich, und er wurde vollkommen sauber; und als er fertig war, durfte er sich mit einem großen weißen, sauberen Handtuch abtrocknen. Dann gab es Stäbchen, mit denen er die Nägel reinigen konnte – und selbst die Zähne durfte er bürsten. Das hatte David noch nie ausprobiert; das erstemal kratzte er mit der Bürste auf den Lippen herum. Es war wundervoll, daß man überhaupt so sauber werden konnte!

In einem Haus gab es auch Bücher. Nicht nur ein einziges, sondern viele. Als er erst einen Tag in dem Haus war, hatte der Vater der Kinder ihn gefragt, ob er ihm nicht einen besonderen Wunsch erfüllen könne. David hatte gut überlegt, dann hatte er zaghaft gesagt: »Ich glaube, ich möchte am liebsten ein Buch lesen.« Er hätte auch gern wieder Musik gehört, aber das Buch schien ihm wichtiger zu sein.

Es war wunderschön, in einem Haus zu essen. Er freute sich darüber, daß alles so gut schmeckte, aber noch mehr darüber, daß der Tisch so schön gedeckt war. Er freute sich über die Gläser, das Tafelsilber und das weiße Tischtuch, und darüber, daß es viele verschiedene Arten von Tellern gab – für jede Speise einen anderen.

Mit den Menschen war es weitaus schwieriger. Sie schienen nicht allzuviel davon zu verstehen, was wirklich gut war. Die Mutter der Kinder war zwar erfreut darüber, daß ihm das Badezimmer gefiel – aber die Kinder haßten es; zumindest die Jungen. Sie hielten es für unnatürlich, daß er es mochte –

aber soviel er auch überlegte, es war ihm unmöglich, seine Meinung darüber zu ändern. Er hatte nichts dagegen, schmutzig zu werden; das ließ sich schließlich nicht vermeiden, wenn man lebte. Aber daß er frei darüber entscheiden konnte, den Schmutz abzuwaschen, wann immer er wollte – das war einfach wundervoll. Aber die Kinder begriffen das nicht, und er wagte ihnen nicht zu erzählen, wie häßlich es ist, wenn Männer, die einst sauber gewesen waren, die schimmerndes, sauberes Haar und reine Zähne gehabt hatten, mit der Zeit Schmutzkrusten am ganzen Körper bekamen, so daß sie widerlich rochen und abstoßend aussahen.

Wenn er es ihnen erzählt hätte, wäre ihnen möglicherweise klargeworden, woher er kam, und dann hätten sie sich vielleicht gezwungen gesehen, DENEN Botschaft zu senden.

Die Kinder verstanden auch nicht, weshalb er so gern Bücher lesen wollte. Sie wollten ihn immer zum Spielen holen. Dann mußte er mit ihnen gehen, obwohl alles in ihm sich danach sehnte, wieder dasitzen und Bücher lesen zu dürfen. Es gab ja einfach keine Grenzen für all das, was er aus den Büchern erfahren konnte; er brauchte nur genügend Zeit dazu. Aber es dauerte lange. Er konnte bereits viel schneller lesen – aber noch immer nicht schnell genug. Außerdem dauerte es immer sehr lange, bis er das richtige Buch ausgewählt hatte. Oh, hätte er sie doch alle lesen können! Aber David wußte, daß er nicht soviel Zeit zur Verfügung hatte. Er mußte weiter, bevor der Winter kam. Daher war es wichtig, daß er in den Büchern las, die ihm das Wissen vermittelten, das er brauchen konnte.

Bestimmt waren es die Bücher, die ihn zum Bleiben veranlaßten. Die Menschen jagten ihm Angst ein, am meisten die Kinder. Und er haßte es, sich dort aufzuhalten, wo Carlo war. Das Haus konnte er verlassen, wenn es zu arg werden sollte. Aber es war wichtig, recht lange in den Büchern zu lesen. Er mußte so viel wie möglich erfahren, und deshalb war er nun schon viele Tage dort.

Es war ihm klargeworden, daß es ihm niemals möglich sein würde, ein ganz gewöhnlicher Junge zu werden. Es war schmerzlich für ihn, dies zu wissen, aber es hatte keinen Sinn, sich selbst etwas vorzumachen. Er hätte gern gelernt, so zu sein, wie ein Junge außerhalb des Lagers sein muß.

Außerdem fand er die Kinder schrecklich dumm; David verstand sie einfach nicht. Er begriff nicht, daß sie das Badezimmer nicht mochten. Er verstand nicht, daß ihnen Wissen nichts bedeutete; sie lebten in den Tag hinein, als glaubten sie einfach nicht daran, daß Wissen notwendig ist und daß es Unterschiede gibt zwischen einem Esel und einem Menschen. David mochte zwar Esel gut leiden! Sie waren – er suchte ein wenig nach dem richtigen Wort – niedlich. Etwas, was man leiden mochte, ohne daß es eigentlich richtig schön war, nannte man niedlich. Aber es war doch bestimmt viel besser, ein Mensch zu sein, der lernen wollte, um etwas zu wissen.

Er fand es herrlich, zu speisen, und begriff daher nicht, daß die Kinder nichts Besonderes daran fanden. Sie machten Kleckse auf das weiße Tuch, zappelten auf ihren Stühlen und benahmen sich so ungeschickt und unbeherrscht mit Messer und Gabel, daß die schöne und vornehme Ordnung des gedeckten Tisches zerstört war, sobald sie kurze Zeit daran gesessen hatten.

Das Gefährlichste an ihnen aber war, daß er nicht begriff, was sie dachten. Sie wollten immer spielen, und David hätte wohl eigentlich Lust gehabt, es zu lernen; ein bißchen verstand er sich sogar schon darauf. Er konnte mit einem Ball spielen; ein Ball war rund und angenehm zu halten, und er war bunt bemalt mit hellen, freundlichen Farben; es machte ihm Spaß, Andrea den Ball zuzuwerfen und ihn dann wieder aufzufangen. Er lief auch gern mit Andrea um die Wette, kletterte mit ihm in die Bäume oder sprang höher und höher über ein Seil. Das waren die Spiele, bei denen er merkte, wie gut der Körper dem eigenen Willen folgte. Das machte ihm Freude. Er liebte es auch, etwas anzufertigen, aus einem Stück Holz etwas zu schnitzen, was man verwenden konnte.

Aber immer wieder wollten die Kinder andere Personen darstellen. Sie wollten spielen, daß einer der Kaufmann sei und die anderen einkaufen kämen, oder zwei seien Vater und Mutter und die anderen die Kinder – oder sie waren Seeräuber.

Diese Spiele gefielen David nicht. Wenn sie sagten, er dürfe zuerst wählen, wer er sein wolle, sagte er immer, er wolle David sein und sich alles ansehen.

Einmal wollten sie Soldaten spielen, die die anderen fingen. »Und ich will der Hauptmann sein!« rief Carlo, doch dann sagte er schnell: »Oder möchtest du es sein, David?«

David hatte ihn lange angesehen. »Ich mag nichts spielen, was böse und häßlich ist«, hatte er geantwortet. Maria sagte gleich, sie wolle auch nicht mitspielen, wenn David nicht mitmache. Und Andrea hatte ein bißchen gereizt gesagt: »Du bist ein merkwürdiger Kerl, David! Was ist denn böse daran?«

David hatte gewartet, bis er ganz sicher war, daß seine Stimme nicht mehr zitterte. »Ich kann nicht besonders gut spielen. Aber ich sehe, daß ihr in euren Spielen die Wirklichkeit nachahmen wollt, und deshalb will ich nicht an einem Spiel teilnehmen, in dem Menschen gefangen werden. Das ist häßlich und böse. Kein Mensch hat das Recht, andere Menschen zu fangen. Der Mensch hat das Recht, zu leben und frei zu sein, und wenn man ihm dies nimmt, hat man selbst das Recht verwirkt, ein Mensch zu sein.«

»Ja, aber David –«; Andreas Stimme klang nicht mehr gereizt, sondern nur noch interessiert. »Wenn einer nun ein Mörder ist, darf man ihn dann etwa auch nicht fangen? Oder ein Dieb oder so etwas? Jemand muß doch bestimmen, wer festgenommen werden soll –«

David runzelte die Stirn. »Ich weiß es nicht. Ich weiß nur, daß kein Mensch ein Recht über andere Menschen hat.«

»Ja – aber Vater und Mutter haben doch ein Recht über uns«, sagte Andrea.

»Nein, das ist kein Recht. Ich glaube es zumindest nicht. Das ist mehr eine – eine Pflicht. Ich meine, wenn sie eure Eltern sind, müssen sie euch Nahrung und Kleider geben und euch alles verständlich machen, was man von selbst nicht wissen kann, damit ihr euch allein zurechtfinden könnt, wenn ihr erwachsen werdet. Es ist ja etwas Gutes, was sie tun. Aber Recht über andere zu fordern, das ist etwas Häßliches und

Unwürdiges; es heißt, Gewalt anwenden, um einen anderen Menschen zu etwas zu zwingen.«

Die beiden Kleinen mußten gähnen. »Wollen wir nicht lieber spielen?« fragten sie ungeduldig. »David soll eben bestimmen, was wir spielen wollen.«

David war ganz erleichtert. Er mußte Andrea doch eine Antwort geben und versuchen, ihm die Dinge zu erklären; aber Andrea verstand ihn wohl trotzdem nicht. Auch fürchtete David immer, einmal etwas zu sagen, was die anderen nicht zu wissen brauchten. Er mußte ständig darauf achten, daß er nicht zuviel sprach. Wenn Carlo dabei war, redete er nach Möglichkeit überhaupt nicht. In den ersten Tagen hatte Carlo versucht, sich bei David einzuschmeicheln; aber dieses Verhalten kannte David nur allzugut, und Carlo hatte schließlich wieder damit aufgehört. David sprach höflich mit ihm, wenn es notwendig war; so hatte er es bei DENEN auch gehalten. Carlo hatte inzwischen begriffen, daß er nicht mehr erreichen konnte.

Trotzdem war es unbehaglich. Es war kaum zu glauben, daß Carlo nur ein Junge war – so viel Falschheit steckte in ihm. Er hatte sich alle Mühe gegeben, David glauben zu machen, daß er nicht böse sei; und als er begriffen hatte, daß David sich nicht täuschen ließ, tat er, als mache ihm das nichts aus. David war froh darüber, daß er vom Lager her so viel über die Falschheit wußte, sonst wäre er bestimmt darauf hereingefallen, genau wie Andrea und die beiden Kleinen und Maria. Sie wußten nicht, daß Carlo böse war. Das war der Grund, weshalb David nicht gern mit ihm beisammen war. Die beiden Kleinen merkten nichts, doch fühlte David, daß Andrea und Maria wußten, wie sehr er Carlo verachtete, und daß es ihnen leid tat.

Sie sagten nichts. Sie waren immer sehr gut zu ihm, und das machte die Sache nur schlimmer. Er hätte lieber gesehen, sie wären so dumm gewesen wie die beiden Kleinen, die einfach nichts begriffen.

David mochte die beiden Kleinen gern. Er verstand sie zwar nicht und war auch ganz sicher, daß er selbst nie so klein gewesen sei – aber sie waren niedlich, genau wie kleine Tiere, die herumtollen, Lärm machen und keinen Augenblick stillhalten. Er wußte auch, daß er Andrea sehr gern gehabt hätte, wenn er selbst ein richtiger, ganz gewöhnlicher Junge gewesen wäre. Andrea war freundlich und ehrlich, und wenn man ihm zeigte, wie schön etwas war, konnte er es gut erkennen; er machte auch nichts kaputt, wie Carlo und die Kleinen das taten. Doch es war gefährlich, ihn zu mögen; am Ende vergaß David einmal zu überlegen, was er sagte, und dann merkte Andrea, daß etwas an ihm nicht stimmte, und fing vielleicht an, alle möglichen Fragen zu stellen.

Nur bei Maria fühlte sich David ganz sicher. Sie folgte ihm überallhin, und sie erriet immer, wenn jemand etwas sagte, das ihn beunruhigte. Dann lenkte sie die Aufmerksamkeit von ihm ab, indem sie selbst etwas fragte, oder sie antwortete für ihn, so daß er nur noch zu sagen brauchte: ›Ja, so habe ich es gemeint.‹

Trotzdem kam er sich in Marias Gesellschaft nie unwissend vor. Sie war immer begierig zu erfahren, was er über die Dinge dachte, und sie fand ihn auch nie merkwürdig. Es gab vieles, wobei er ihr helfen konnte, denn sie war nicht besonders stark. Außerdem war sie so schön anzusehen, alles an ihr war so zart, lieblich und strahlend, daß er ständig das Gefühl hatte, er müsse sie beschützen. Ihr durfte nichts zustoßen.

Wenn er gern Musik hören wollte, spielte sie Schallplatten für ihn. Sie ging auch gern mit ihm durchs Haus, um ihm alles zu zeigen und ihm über die einzelnen Gegenstände etwas zu erzählen.

Die meisten Dinge waren sehr alt, zwei- oder drei- oder vierhundert Jahre. Die Eltern der Kinder hatten die einzelnen Stücke von ihren Eltern bekommen und diese wiederum von ihren Vätern und Müttern. Und immer hatte das meiste hier in diesem Haus gestanden. David konnte viele Stunden mit Maria über die Menschen plaudern, die einst hier gelebt hatten – wie sie ausgesehen haben mochten, wie ihre Kleider beschaffen waren, was sie gegessen und woran sie gedacht hatten.

Manchmal erzählte ihm Maria von der Schule – aber da merkte David wieder, wie anders er war, denn Maria ging nicht besonders gern in die Schule. David aber meinte, die Schule müsse von allem das Allerbeste sein, ausgenommen die Sonne und die Schönheit. Er staunte darüber, daß es die Aufgabe mancher Menschen sei, Kindern Dinge beizubringen, die diese nicht wußten! Daß man in der Schule nach allem fragen konnte, was man gern wissen wollte, ohne daß es merkwürdig oder verdächtig wirkte! Offenbar war es keine Schule von DENEN, denn er konnte Marias Worten entnehmen, daß sie fast keine Richtlinien dafür bekamen, was sie denken mußten. Es waren richtige Dinge, die sie lernten – über Geschichte und alle Länder der Welt, wie man schnell lesen konnte und fehlerlos schreiben.

David wünschte, er hätte eine andere Geschichte erfunden als die mit dem Zirkus. Die Kinder und ihre Eltern meinten nämlich, er müsse viel über andere Länder wissen. Ein Zirkus reist ja umher! Wenn er sich eine andere Geschichte zusammengereimt hätte, wäre es ihm möglich gewesen zu fragen, wo die Länder lägen und wie es dort aussehe. Jetzt wagte er es nicht – und es war schwierig, etwas darüber in den Büchern zu finden.

Die Abende waren schon recht kühl; es kam die Zeit der Weinlese. Nun war es höchste Zeit, weiterzuwandern.

Eines Tages war David nahe daran, Maria zu fragen. Sie hatte in der Schule eine Landkarte gesehen. Wenn er es jetzt also wagte, würde er vielleicht erfahren, was er wissen wollte. Als es dann aber soweit war, traute er sich doch nicht. Abends, als sie alle schlafen gingen, mußte er wieder daran denken. Die anderen Kinder küßten Vater und Mutter, und die Eltern küßten ihre Kinder und streichelten sie; alle lachten und nannten einander »mein Schatz« und »mein Herzchen«. Die Eltern waren gut zu den Kindern, und sie gehörten zusammen – alle miteinander; es war eine Familie. Und in einer Familie erzählt man sich alles. Selbst wenn er also Maria gebeten hätte, nicht weiterzusagen, wonach er sie fragte, würde sie es vielleicht irgendwann vergessen und es ihrem Vater oder ihrer Mutter doch erzählen.

Da fiel sein Blick auf den Globus. Er stand in Andreas Zimmer in einem Schrank. David wußte zuerst nicht, was es war. Er sah eine große Kugel, die an einer Stange befestigt war, und fragte interessiert, welchem Zweck sie diene.

»Das ist doch ein Globus«, sagte Andrea erstaunt. »Das ist die ganze Welt – sieh mal, du kannst ihn drehen und dir alles anschauen.«

Davids Herz begann laut zu schlagen. Andrea hatte eine Kugel, auf der die ganze Welt aufgezeichnet war – alle Länder!

Aber es war nicht zu sehen, wo die Grenzen verliefen, sondern nur die Berge, Täler und Flüsse. David wurde ganz schwindlig vor Enttäuschung. Andrea jedoch freute sich immer, wenn David etwas von ihm wissen wollte. »Hier ist Italien«, sagte er und zeigte auf ein langes Stück Land, das ins Wasser hinausragte. »Und das ist Frankreich«, erklärte Maria. Als sie sahen, daß David ihnen interessiert folgte, machten sie weiter: Spanien und Deutschland und Österreich und die Schweiz und England –

Ach, es ging viel zu schnell! Ob er sich wohl alles merken konnte? Und wenn doch nur eingezeichnet gewesen wäre, wie weit jedes Land reichte!

»Kann man auch Dänemark sehen?« fragte er und sprach gleichzeitig in seinem Inneren: ›Gott der Weiden und der Wasser, gib, daß es kein großes Land ist. Sie sollen sich nicht wundern, daß ich es nicht weiß. Amen.‹

Es war ein ziemlich kleiner Fleck – und David sah, daß Dänemark von Italien sehr weit entfernt war. Er konnte es vor dem Winter bestimmt nicht erreichen – und auch nicht, bevor SIE ihn wieder fanden.

Aber er mußte von hier fort. David lag in dem weichen, warmen Bett und wußte, daß er weiter mußte; morgen oder vielleicht in drei Tagen. Das Haus war für eine Familie da. Er selbst gehörte nicht dazu.

Noch immer freuten sich alle darüber, daß er Maria aus dem Feuer errettet hatte – und er war sicher, daß sie gut seien; außer Carlo natürlich. Aber sicher würde bald etwas geschehen, was ihnen zeigte, wie anders er war. Die Mutter der Kinder blickte ihn manchmal so forschend an. Sie hatte auch nie wieder versucht, ihn zu berühren. Wenn sie schlafen gehen wollten, strich sie ihm nur ganz leicht übers Haar, aber David wußte, daß sie es nicht tat, weil es sie danach verlangte. Es war nur, weil sie gut zu ihm sein wollte und weil sie keinen Unterschied machen wollte zwischen ihm und ihren eigenen Kindern. Es war David nicht klar, wieso er das wußte; er wußte es ganz einfach. Es war auch nicht, weil er sich gewünscht hätte, daß ihn jemand berührte; er wurde innerlich ganz steif und verspürte etwas wie Haß dabei. Aber manchmal, wenn er sah, wie die Kinder und ihre Eltern zärtlich miteinander waren, tat es irgendwo in seinen Gedanken weh – und er mußte an Johannes denken. Vielleicht war er als kleines Kind ein richtiger Junge gewesen – vielleicht war er erst anders geworden, als Johannes starb? Johannes hatte ihn berührt, und es hatte ihm wohlgetan.

Aber Johannes konnte ja niemals wiederkommen. Daher war es vielleicht gut, daß er es haßte, wenn jemand ihn berührte. Es war ja auch niemand da, der es tun wollte.

Nur von Maria hätte er es sich gefallen lassen. David versuchte, nicht daran zu denken. Aber es stimmte ja: Maria berührte ihn manchmal – und er haßte es nicht. Sie griff nach seiner Hand, wenn sie nebeneinander hergingen, und ihre Hand war so klein und weich – ganz anders als die Hand eines Jungen. Wenn Maria ihn bei der Hand nahm, war ihm jedesmal, als sprächen sie miteinander, ohne etwas zu sagen; und als redeten sie über etwas Gutes. Trotzdem wurde er stets ein wenig unruhig dabei; er hatte das Gefühl, als wäre da etwas Wichtiges, das er fast vergessen hätte.

David drehte sich im Bett um. Es gab noch mehr, das er vergessen hatte – was war es nur? Etwas mit Dänemark; es war etwas, was ihm am ersten Tag hier beinahe wieder eingefallen wäre.

Es hing damit zusammen, daß der MANN gesagt hatte, er solle in nördlicher Richtung gehen, bis er nach Dänemark komme. Plötzlich wußte er es – die Milch!

Die Eltern waren gut zu ihren Kindern und gaben ihnen alles; sie sprachen viel darüber, was gesund sei. Die Kinder bekamen jeden Tag Milch, auch David. Und – er hatte schon früher Milch getrunken.

Seit er denken konnte, mußte er zweimal in der Woche zu dem MANN hinübergehen, und zwar dienstags und freitags. Dann hatte der ihm etwas Weißes zu trinken gegeben, was angenehm schmeckte; er müsse es trinken, hatte der MANN gesagt. Er wurde nicht krank davon und starb auch nicht daran, und man hätte doch annehmen können, daß der MANN bald entdecken würde, daß es nicht giftig genug war. Trotzdem mußte David es immer wieder trinken.

Die Milch, die er hier bekam, schmeckte nicht übel, und sie war weißer – aber es war trotzdem das gleiche Getränk.

Es war also etwas Gutes gewesen, was der MANN ihm gegeben hatte! Etwas, was bewirkte, daß David stark wurde und nie so wie die anderen Gefangenen – krank und matt und ausgezehrt und ganz kraftlos.

Weshalb? – Hellwach setzte sich David im Bett auf. – Weshalb hatte er ihn gezwungen, etwas zu trinken, was gesund war? Nun ja, wenn er wirklich ein guter Geisel war, durfte er natürlich nicht sterben. Aber weshalb hatte er dann gesagt, David müsse fliehen? Alles hatte gestimmt: es hatte ein Bündel unter dem Baum gelegen; er war ans Meer gekommen; dort hatte er ein Schiff gefunden.

David stand auf und zog sich an. Er konnte nicht schlafen; er konnte es im Haus einfach nicht mehr aushalten – er mußte nachdenken –

Aber obwohl er dachte und dachte, konnte er keine Lösung finden. Er ging ganz leise hinunter in den Garten. Falls die Eltern der Kinder und die Dienstboten noch wach waren, durfte ihn niemand hören. Aber soviel er auch in die Dunkelheit starrte und an den MANN dachte, konnte er doch keine Lösung finden. Der MANN hatte ihn gehaßt. David kannte den Haß sehr genau – und daher war er auch ganz fest davon überzeugt, daß der MANN ihn gehaßt hatte.

Eine gute Geisel mußte am Leben erhalten werden – aber weshalb sollte er dann fliehen? Ach, hätte er doch nur mehr gewußt; hätte er doch nur etwas über Dänemark erfahren.

Wenn es in Dänemark einen König gab, dann mußte er unbedingt versuchen, dorthin zu kommen. Es mußte einen Grund für seine Flucht geben. Einen Augenblick lang glaubte er es zu wissen. Gute Menschen kann man nicht bestechen; böse Menschen aber nehmen eine Bestechung an. SIE ließen sich bestechen.

Wer aber hätte den MANN bestechen sollen, damit er David fliehen ließ? Er war doch nichts als David, ein Junge, der immer ein Gefangener gewesen war. War er ein Geisel für jemanden, von dem er nichts wußte? Aber wer hätte das sein können? Und wenn er ein wichtiger Geisel gewesen wäre, hätte der MANN es doch gar nicht gewagt, ihn fliehen zu lassen. Bei DENEN hatte doch einer Angst vor dem anderen. Eine entsprechend hohe Bestechung? Aber falls dies die Lösung war, mußte er Tag und Nacht auf der Hut sein, denn dann machten DIE überall Jagd auf ihn.

Das durfte nicht wahr sein. David griff mit den Händen an die Stelle, wo sein Herz ganz laut schlug. Es mußte einen Grund geben, den er nicht begreifen konnte. Er durfte kein wichtiger Geisel sein! Diese Angst könnte er nicht ertragen. Morgen wollte er den Vater der Kinder fragen, ob es in Dänemark einen König gebe. Und wenn dies der Fall war, mußte er fort; und er mußte so oft wie möglich mit einem Auto fahren, sonst würde er nie hinkommen. Aber er durfte nicht daran denken, vielleicht ein wichtiger Geisel zu sein – sonst würde er nicht wagen, mit einem Auto zu fahren oder Geld zu verdienen oder Brot zu kaufen oder irgend etwas anderes zu tun.

David hatte das Gefühl, es dringe die Dunkelheit in ihn ein, bis tief hinein in seine Gedanken, um alles Gute aus seiner Erinnerung zu tilgen. Er wußte nur noch, daß er sich fürchtete, daß er Angst hatte – große Angst.

Aber es kam niemals dazu, daß er den Vater der Kinder hätte fragen können, ob es in Dänemark einen König gibt.

Leise wollte er wieder ins Bett gehen. Aber als er an das große Zimmer kam, das auf die Terrasse hinausging, wurde drinnen das Licht angeknipst, und der Vater und die Mutter der Kinder kamen herein und setzten sich.

David drückte sich gegen die Wand und blieb stehen. Sobald sie anfangen würden zu sprechen, wollte er in der anderen Richtung gehen, damit sie ihn nicht sehen konnten.

Durch die Schlitze in den Fensterläden konnte er beobachten, wie die Mutter der Kinder ihr Nähzeug herausnahm; aber sie legte es gleich wieder beiseite. »Giovanni, ich glaube, wir müssen mit David etwas unternehmen«, sagte sie.

David rückte ganz vorsichtig von dem Spalt weg. Manchmal, wenn man Menschen ansieht, können sie es fühlen.

Er lehnte sich an die Wand und schloß die Augen. Wie gut, daß er nicht eingeschlafen war! Am Ende hätten sie ihn morgen überrumpelt!

»Was soll ich denn mit ihm tun, Elisa? Stimmt irgend etwas nicht mit ihm?«

Nie würde David je wieder vergessen können, was sie sprachen – sein Leben lang würde er sich an jedes Wort erinnern.

»Nicht stimmen – nun ja, ich – ich meine, was hast du dir vorgestellt – wie lange soll er hierbleiben?«

»Hast du irgend etwas gegen den Jungen, meine Liebe?«

»Nein – ja – oh, du weißt doch, ich liebe – ich muß doch ein Kind liebhaben, welches das Leben meines eigenen Kindes gerettet hat! Aber ich verstehe ihn nicht. Es klingt zwar töricht, aber ich möchte fast sagen, er beunruhigt mich.«

»Er ist ein ungewöhnliches Kind, das gebe ich zu. Aber ich verstehe nicht, was du gegen ihn haben könntest?«

»Ich – ich kann nicht behaupten, daß ich etwas gegen David hätte; aber ich habe etwas gegen David als Umgang für meine eigenen Kinder. Er muß von hier fort – so bald wie möglich.«

»Kannst du nicht genauer ausdrücken, was du gegen ihn hast?«

»Ich weiß nicht, wer er ist. Ich weiß nicht, woher er kommt, und ich weiß nicht, wohin er will. Ich glaube nicht, daß er die Wahrheit spricht; diese Geschichte, daß er zu einem Zirkus gehöre, hat keinen richtigen Zusammenhang, Giovanni! Es gibt Dinge, die er wissen müßte, wenn er aus einem Zirkus stammte – und die er ganz offensichtlich nicht weiß. Und außerdem klingt diese Geschichte so ausgeklügelt, als wäre er ein ganz abgefeimter kleiner Lügner –«

»Mit diesen Augen, Elisa?«

»Ja. Aber auch seine Augen beängstigen mich! Es sind die Augen eines alten Mannes, der so viel im Leben gesehen hat, daß er kaum noch die Kraft hat, weiterzuleben. Sie sind nicht einmal verzweifelt – sie sind nur still, abwartend und so unendlich einsam, als ob er die Einsamkeit freiwillig gewählt hätte. Giovanni, das sind nicht die Augen eines Kindes. Da stimmt irgend etwas nicht. Und sein Lächeln – nun ja, wenn es nicht so unglaubwürdig klänge, würde ich sagen: Es sieht aus, als hätte er noch nie gelächelt, ehe er Maria sah. Uns andere lächelt er niemals an; er ist nur immer gleich höflich und todernst – und wenn er Maria anlächelt, dann –«

»Ja, dann sieht das sehr schön aus, Elisa – das habe ich selbst beobachtet. Es kommt ganz schüchtern und trotzdem so zärtlich –«

»Ach, ich komme mir so herzlos vor! Aber – ich muß doch in erster Linie meine eigenen Kinder lieben und an deren Wohl denken. Bei einem Kind, das so lächelt wie David, kann irgend etwas nicht stimmen. Wo kommt er her? Man merkt ihm doch an, daß er keine näheren Verwandten hat; und hast du nicht auch gesehen, daß er ausweicht, wenn wir ihn ausfragen? Er antwortet zwar höflich, aber sein Gesicht nimmt einen wachsamen Ausdruck an – und er antwortet so kurz wie möglich. Ich bin ja gar nicht neugierig, Giovanni, aber du mußt zugeben, daß er ein merkwürdiges Kind ist! Er kam hier an, als wäre er vom Himmel gefallen, und hatte nichts als eine Hose und eine Jacke am Leib, die nicht einmal der elendste Bettler mehr getragen hätte. Er besitzt ein altes Messer und eine leere Flasche, die er offensichtlich für lebensnotwendig hält. Und dabei spricht er Italienisch wie ein florentinischer Edelmann!«

»Ja, und Französisch wie ein Mitglied der Französischen Akademie!«

»Nicht möglich!«

»Er saß neulich über einem französischen Buch, und als ich

dazukam, bat er mich, ihm einige Zeilen daraus vorzulesen. Ich glaubte natürlich, er wollte eine Übersetzung hören; aber er erklärte mir, das sei nicht notwendig; er wolle nur gern die Worte zusammenfügen, um das gedruckte Schriftbild mit dem Klang des gesprochenen Wortes vergleichen zu können! Er kann nicht Französisch lesen, aber ich versichere dir, daß er es wie ein gebürtiger Franzose spricht! Und zwar wie ein hochbegabter und vornehmer Franzose!«

»Ja, und dann hat er dir sicher erklärt, es habe im Zirkus einen Mann gegeben, der Franzose war –«

»Genau! Weiß der Himmel, was das für ein Zirkus sein mag!«

»Ich bin überzeugt davon, daß es kein Zirkus war. Findest du nicht auch, daß etwas Geheimnisvolles, Seltsames über dem Ganzen liegt? Erst dachte ich, er sei womöglich aus der Schule fortgelaufen oder so etwas; aber nach seiner Sprache zu urteilen, müßte er einer Familie angehören, die schon längst Himmel und Erde in Bewegung gesetzt hätte, um ihn wiederzufinden. Aber wir haben kein Wort darüber gehört oder gelesen, daß eine bekannte Familie nach ihrem Kind sucht. Genaugenommen spricht er ja überhaupt nicht wie ein Kind. Seine Sprache klingt so erwachsen – und oft versteht er nicht einmal, was die Kinder meinen, wenn sie ihm etwas erklären. Man könnte fast glauben, er habe bis zum heutigen Tage nie mit einem Kind gesprochen!«

»Ja, da kannst du recht haben. Aber, woher er auch kommen mag, Elisa – wir müssen ihm zutiefst dankbar sein; und wenn es ihm unangenehm ist, über seine persönlichen Verhältnisse befragt zu werden, müssen wir ihn in Ruhe lassen. Ich bin auch nicht der Meinung, daß die Dinge, die dir seltsam erscheinen ihn zur unerwünschten Gesellschaft für unsere Kinder werden lassen. Er spricht eine schöne Sprache, hat ein tadelloses Benehmen – man könnte fast sagen, oft ein besseres als unsere eigenen Kinder. Ach, Elisa, wo hast du nur deine Augen? Ich gebe zu, daß er ein merkwürdiges Kind ist, und auch daß er etwas Geheimnisvolles an sich hat. Aber daß er einen schlechten Einfluß ausüben sollte? David ist der artigste Junge, dem ich je begegnet bin! Das wirkt sich sogar auf unsere eigenen Kinder aus. Sie haben nicht gerauft, seit er hier ist!«

»Nein – und ich würde fast sagen, mir wäre lieber, sie täten es! Du fragst mich, was ich gegen David hätte. Ich habe etwas gegen sein Verhältnis zu Carlo; und ich habe etwas gegen sein Verhältnis zu Maria. Ist dir noch nicht aufgefallen, daß David Carlo haßt? Es ist nicht so wie bei Jungen, die sich prügeln und dann alles wieder vergessen, weil sie in Wirklichkeit gar keinen ernsthaften Grund zum Raufen hatten. David haßt Carlo so, wie ein erwachsener Mensch haßt. Er spricht nur mit ihm, wenn es unbedingt notwendig ist; dann spricht er höflich und eiskalt und schaut dabei in eine andere Richtung. Und Carlo hat sich so sehr bemüht, seine Freundschaft zu gewinnen! Aber David ist unnachgiebig – er haßt einfach, still und höflich. Versuche einmal, dir Carlo morgen ein bißchen genauer anzusehen! Er ist geradezu zahm geworden; und wenn er sieht, daß David und Andrea miteinander reden, steht er mit sehnsüchtigen Augen daneben, mischt sich aber nicht ein – als ob er wüßte, daß David das Gespräch höflich beenden und weggehen würde, wenn er teilnehmen wollte. Carlo ist ein guter Junge; er ist ein bißchen wild und den anderen ziemlich überlegen – aber er ist doch nicht in seinem Wesen böse. Glaubst du, es wäre mir angenehm, zuzusehen, wie mein ältester Sohn versucht, sich bei einem kleinen, verlogenen Landstreicher einzuschmeicheln, um dann mit Haß und Verachtung abgewiesen zu werden?«

»Nun, aber – glaubst du denn nicht, daß du dich irrst? Vielleicht sollten wir David fragen –«

»Genausowenig gefällt mir sein Verhalten Maria gegenüber. Maria vergöttert die Erde, auf die er trat. Alles, was David meint und sagt und tut, ist richtig. Ihre eigenen Brüder existieren kaum noch für sie. Am allerliebsten möchte sie immer mit David allein sein. Neulich saß sie eine volle Stunde mit ihm zusammen unten und hörte Schallplatten. Mozarts Violinkonzert! Da sage mir einer, was das bedeuten soll – bei Maria, die so unmusikalisch ist wie ein Kälbchen!«

»Nun ja – aber das kann doch wohl kein Nachteil sein, meine Liebe. Kleine Mädchen bewundern nun mal gern größere Buben. Und du darfst nicht vergessen, daß David derjenige war, der sie aus dem Feuer holte. Es ist ganz natürlich, daß sie ihn bewundert. Schließlich hat sie früher auch Carlo und Andrea bewundert.«

»Nicht auf die gleiche Art. Sie hat die beiden Großen bewundert, weil sie stärker und mutiger sind als sie. In David bewundert sie eben – David; und es ist nicht einmal Bewunderung – es ist Vergötterung! Es ist, als wolle sie alles wissen und verstehen, was er denkt, um auf dieselbe Weise denken zu lernen wie er. Giovanni, ich will das nicht! Ich habe die beiden miteinander sprechen hören, als sie nicht wußten, daß ich in der Nähe war. Uns anderen gegenüber ist David schüchtern und zurückhaltend – aber mit Maria spricht er ganz frei, denn ihr würde es niemals einfallen, nach etwas zu fragen außer nach seiner Meinung und seinen Gedanken. Er spricht mit ihr über lauter unheimliche Dinge – über Bosheit, Niedertracht und Brutalität; er erzählt von Verrat, und er hat ihr auch gesagt, daß es nicht weh tue zu sterben. Ich weiß nicht, woher er es hat, und es ist mir auch gleichgültig – aber der Junge muß fort!«

»Ich hätte nie gedacht, daß David ein brutales Wesen oder eine Vorliebe für Grausamkeiten hat!«

»Das ist auch nicht der Fall, er spricht nur darüber. Aber ich will nicht, daß meine kleinen Kinder solche Dinge hören. Wie schlecht die Welt sein kann, erfahren sie früh genug. Ich will nicht, daß mein Sohn sich vergebens bei einem fremden kleinen Lügenbeutel anbiedert, über den wir nichts wissen – und ich will nicht, daß Marias kindliche Sorglosigkeit verdorben wird. Sie hat bisher nicht einmal geahnt, daß es so etwas wie Bosheit und Niedertracht gibt.«

»Ja, wenn du es so stark empfindest, dann... Aber meinst du nicht, daß es besser wäre, mit dem Jungen darüber zu sprechen?«

»Glaubst du wirklich, daß eine Aussprache auch nur einen Deut an dem ändern würde, was David für richtig hält? Meinst du wirklich, daß irgend jemand auf der ganzen Welt David dazu veranlassen könnte, etwas anderes zu sein als David?«

»Nein, meine Liebe, das glaube ich nicht, und ich muß gestehen, daß dies eine Tatsache ist, die ich respektiere. Der Junge ist weder störrisch noch trotzig – und er ist sehr lernbegierig. Aber er beansprucht für sich das Recht, selbst zu denken – und er will der bleiben, der er ist; und ich finde, das ist stark und richtig.«

»Giovanni, ich bin nicht herzlos! Ich bin wirklich dankbar und möchte alles für den Jungen tun, was in meiner Macht steht. Ich sagte dir ja, daß ich nicht schlecht von ihm denke; ich sehe ein, daß alles, was du über ihn sagst, richtig ist; und wenn er kein Kind wäre, würde ich ihn gerade deswegen sehr gern mögen. Aber ich verstehe ihn nicht, und ich will vermeiden, daß er einen so starken Einfluß auf meine eigenen Kinder ausübt. Ist es dir denn nicht möglich, irgend etwas über ihn zu erfahren? Versuche ihm einzureden, daß wir es gut mit ihm meinen, und versuche zu erfahren, woher er kommt. Falls er etwas angestellt hat, könntest du sicher bei der Polizei ein Wort für ihn einlegen. Wir könnten ihn in ein Heim schicken oder in ein Kloster und seine Erziehung bezahlen. Aber er muß dir die Wahrheit sagen, damit wir entscheiden können, was für ihn das Beste wäre –«

»Jaja, Elisa, ganz wie du meinst.«

»Du sollst keine Kosten scheuen – davon darf gar keine Rede sein. Er soll das Beste bekommen, was wir ihm geben können – Kleider, Essen, Ausbildung –, schon allein Marias wegen und – weil ich ihn gern liebgehabt hätte, wenn er es zugelassen hätte.« –

David setzte sich auf das Fensterbrett und starrte in die Finsternis hinaus. Jedes Wort, das die Eltern der Kinder miteinander gesprochen hatten, hatte sich ihm eingeprägt. Seine Hände, seine Beine, ja alles an ihm zitterte, und er konnte nichts dagegen tun. Er hatte gewußt, daß er von hier fort mußte, daß er bald fort mußte. Aber daß die Gefahr so nahe lag, hatte er nicht gewußt. Er kannte jetzt alles, was verkehrt an ihm war – und er wußte, daß es keine Rettung für ihn gab. Er begriff auch nicht, weshalb all das verkehrt sein sollte. Aber die Leute schienen nun einmal dieser Ansicht zu sein.

Morgen wollte der Vater der Kinder versuchen, ihn auszufragen – und falls er nichts erfuhr, wollte er die Polizei hinzuziehen. Glaubte er denn wirklich, daß er ihn, David, retten könne, wenn DIE ihn erst wieder in Händen hätten?

Noch heute nacht mußte er fort.

David nahm sein Bündel aus dem Schrank; die Flasche, das Messer, das kleine Stückchen Seife. Einen Augenblick lang überlegte er, ob er nicht aus dem Badezimmer ein größeres Stück Seife nehmen sollte. Er hätte auch gern einen Schwamm mitgenommen und die Zahnbürste und eine Kerze und neue Streichhölzer. Doch dann beschloß er, es nicht zu tun. Er mußte in Andreas Kleidern gehen, die er jetzt ständig trug, denn die Mutter der Kinder hatte ihm seine eigenen Sachen nicht zurückgegeben. Sie hatte gesagt, er könne diese hier behalten. Aber etwas anderes als die Kleider, die er anbehalten mußte, wollte er nicht mitnehmen, obwohl er gehört hatte, was sie ihm alles geben wollten.

Sie waren nicht schlecht. Sie waren gut zu ihm gewesen; und wenn sie ihn nun verraten wollten, so geschah dies aus Unwissenheit, weil sie nicht wußten, was geschehen würde, wenn DIE ihn wieder festnahmen. Er mußte fort sein, wenn sie morgen kamen; aber er wollte einen Brief schreiben, um sich wenigstens zu bedanken. Papier und Bleistift hatte er sich ja gekauft. Er würde viel Zeit dafür brauchen und hatte es doch eigentlich sehr eilig, denn vor dem Morgen wollte er weit weg sein. Aber das ließ sich nun nicht ändern.

David setzte sich an den Tisch und dachte lange nach. Dann schrieb er langsam und umständlich:

Ich habe alles gehört, was Sie gesprochen haben. Ich werde fortgehen, wenn ich geschrieben habe. Ich wollte nur hierbleiben, solange Sie es wünschten. Ich bin gezwungen, Andreas Kleider zu behalten, weil Sie mir meine eigenen nicht zurückgegeben haben. Ich möchte mich bedanken, daß ich Musik hören und Bücher lesen durfte, und weil hier alles so schön ist, für all das Gute, das Sie mir getan haben, und daß ich in einem Bett schlafen durfte.

Aus freiem Willen möchte ich Ihnen sagen, daß ich nie gewalttätig war. Ich habe nie jemandem etwas gestohlen, weder Freude noch Glück noch Freiheit oder eine Sache, die ihm gehörte. Ich bin kein Verräter. Ich sage Ihnen dies, weil Sie etwas über mich zu erfahren wünschen. Und damit Sie wissen, daß dies alles ist, was ich über mich sagen will. Wenn mich die Polizei fangen kann, werde ich sterben, denn ich sage nicht mehr, als ich sagen will. Denn es ist wichtig, die zu überwinden, welche Gewalt lieben und glauben, sie hätten das Recht, den Menschen Freiheit und Leben zu nehmen. Und wenn man sie das, was man denkt und glaubt, nicht verändern läßt, hat man gewonnen. Ein Mann hat es mir gesagt. Daher will ich immer David bleiben, immer, solange ich am Leben bin.

Ich bin froh, daß ich Maria erklärt habe, daß es das Böse gibt. Ich will nicht, daß sie sich fürchtet. Aber es ist notwendig, daß sie es weiß. Können Sie denn nicht verstehen, daß auch Kinder das Recht haben, über alles die Wahrheit zu erfahren? Wenn es eine Gefahr gibt, muß man sie kennen, sonst kann man sich nicht dagegen wehren! Ich meine damit die anderen Kinder, die nicht so sind wie ich.

Ich schreibe, weil ich Ihnen für alles danken möchte, was Sie mir gegeben haben, und weil ich aus freiem Willen erzählen wollte, was ich erzählen will.

David

Er hatte sehr lange zu dem Brief gebraucht. David schaute auf die Uhr, die auf der Kommode stand. Es war halb zwei Uhr nachts. Er hätte gern mehr über Maria geschrieben... er hätte die andern gern ermahnt, gut auf sie aufzupassen; aber er brachte es nicht zuwege. Er hatte so viel über Maria nachgedacht – und sie würden nicht verstehen, was er meinte. Auch würde es ihm vielleicht nicht möglich sein, fortzugehen, wenn er zuviel an sie dachte.

Als hätte sie seine Gedanken vernommen, stand sie plötzlich

in der Tür. In einem weißen Nachthemd und ohne Band im Haar. Sie sah ängstlich aus.

»David –«

»Pst«, machte David erschrocken. Maria kam herein und zog die Tür hinter sich zu.

»David – ich bin aufgewacht, weil ich solche Angst habe. Ich habe geträumt, du seiest im Feuer, und ich konnte dich nicht finden –«

»Ich muß fort, Maria«, sagte David.

»Nein! David – weshalb?«

David erzählte ihr alles, was die Eltern gesprochen hatten, während er draußen lauschte. »Du wirst begreifen, daß ich gehen muß, solange es Nacht ist«, schloß er, als sie alles erfahren hatte.

Zum Glück bezweifelte Maria nie, daß alles, was er sagte, richtig wäre. Sie protestierte nicht, sondern blickte ihn nur ernst an und sagte dann leise: »David, nicht wahr, du kommst wieder? Es macht nichts, wenn es lange dauert. Aber versprich, daß du wiederkommst!«

David blickte sie stumm an. Wie konnte er so etwas versprechen? Johannes hatte gesagt, ein Versprechen sei etwas Verpflichtendes. Ein Mann müsse an seinen Versprechungen festhalten, wenn er sich das Vertrauen der Menschen bewahren wolle.

»Das kann ich nicht versprechen«, erklärte er daher. »Falls ich später wiederkommen kann, werde ich es tun. Aber es wird wohl nicht möglich sein, deshalb will ich es auch nicht versprechen.«

»Aber David, mit wem soll ich denn über all die Dinge sprechen, wenn du fortgehst?«

Ja, das war es: Wer sollte auf Maria aufpassen? Wie konnte er sie weiterhin behüten, wenn er sie verließ? Aber wenn er nicht fortging, würden SIE kommen und ihn einsperren, und dann konnte er sie auch nicht beschützen. Da tat David etwas, was er noch nie getan hatte: Er berührte aus eigenem freiem Willen einen anderen Menschen. Er legte Maria die Hände auf die Schultern und sah ihr in die Augen.

Dann sagte er langsam, damit es ihr immer in Erinnerung bleibe:

»Maria! Du mußt selbst auf dich aufpassen. Wenn man niemanden hat, der etwas für einen tut, muß man es selbst tun. Du mußt gut zuhören, was die Menschen sagen, und dann mußt du darüber nachdenken und selbst entscheiden, was du in deinem Herzen für richtig erachtest.«

»Ach, David, ich bin doch gar nicht gescheit genug. Weshalb mußt du gehen, während ich doch so sehr wünsche, daß du bei mir bleibst! Könntest du mich nicht mitnehmen?«

»Ich würde es gern tun, aber ich weiß, daß es nicht richtig wäre. Dein Vater und deine Mutter würden sich Sorgen machen. Niemand hat das Recht, andere in Sorge zu versetzen. Außerdem würdest du es bei mir nicht gut haben, denn ich habe oft nichts zu essen und keinen Platz zum Schlafen.«

»Das würde mir nichts ausmachen, wenn du da wärst. Aber wenn du meinst, es sei falsch, dann nimm mich lieber nicht mit.«

»Maria, du kannst ja immer an mich denken – in deinem Herzen. Dann bin ich immer bei dir –«

»Wirst du auch an mich denken?«

»Ja.«

»Immer?«

»Ja.«

»David, willst du mich noch einmal ganz fest halten, bevor du gehst – damit ich nie vergesse, wie es in deiner Nähe war?«

David nickte. Er legte den Kamm in sein Bündel und den Bleistift und das Papier. Jetzt hatte er alles.

Unterdessen stand Maria da und sah ihn an. Dann sagte sie: »David, warte noch einen Augenblick!«

David bieb unbeweglich stehen und wartete. Maria würde ihn nie verraten.

Kurz darauf war sie zurück. In der Hand hielt sie ein kleines Kreuz aus Gold, das auf einer Seite ganz mit kleinen Perlen ausgelegt war. »Das gehört dir, David. Nimm es mit.«

Das Kreuz hing an einer dünnen Kette. Maria stellte sich auf die Zehenspitzen und legte David die Kette um den Hals.

»Danke«, flüsterte David. »Ich gehe jetzt.« Er stellte das Bündel noch einmal auf den Tisch, umfaßte Maria und drückte sie an sich. Sie war so zart, und er fürchtete, ihr weh zu tun. Aber Maria legte ihm beide Arme um den Hals und hielt ihn selbst ganz fest. Ihre Wangen berührten einander.

»Jetzt wissen wir es für immer«, flüsterte sie.

»Ja«, sagte David. Einen Augenblick lang blickten sie einander in die Augen – dann ließ er sie los.

»Leb wohl, Maria.«

»Leb wohl, David.«

David ging schnell hinaus, ohne sich noch einmal umzusehen, und zog die Tür sacht hinter sich zu.

6

David ging und ging. Das erste Stück des Weges kannte er so gut, daß ihm die Dunkelheit nichts ausmachte. Hier war er sehr oft mit den Kindern gewesen. Er nahm sich vor, morgen die Schuhe auszuziehen. Während er im Hause wohnte, hatte er beobachtet, daß Schuhe sich abnützen. Er würde die Schuhe noch gut brauchen können, wenn es später kälter wurde oder wenn er nachts weiterwandern mußte und die Steine nicht sehen konnte.

Er mußte eine Stadt erreichen, die Florenz hieß, denn er hatte ja nichts zu essen. Zum Glück besaß er noch einen Teil des Geldes, das er von dem Amerikaner bekommen hatte. Er brauchte sich also nicht lange in der Stadt aufzuhalten, um welches zu verdienen. Es war nicht gut, zuviel an das Essen zu denken, denn dann fiel ihm wieder die Milch ein – und daß er möglicherweise ein wichtiger Geisel sei.

Er hatte im Haus sehr viel gelernt. Immer wieder mußte er an den Globus denken und daran, was Andrea und Maria ihm darauf gezeigt hatten. Er mußte erst in die Schweiz und von dort nach Deutschland – und dann erst kam Dänemark. Er hatte jetzt auch viel bessere Kleider, und viel mehr als vorher. Das war ein Vorteil, denn nachts wurde es bereits sehr kalt.

Trotzdem blieben seine Gedanken finster und schwer. Es half nichts, daß er immer wieder an die Vorteile dachte, die er durch seinen Aufenthalt in dem Haus gewonnen hatte.

Es wurde auch im Laufe der Tage nicht besser, obwohl alle Orte, durch die er kam, ebenso schön waren, wie diejenigen, die er vorher gesehen hatte. Es gab schöne grüne Berge und Täler und Flüsse und viele verschiedene Bäume, und alles sah aus wie früher, und trotzdem war alles anders.

In den ersten Tagen wagte er nicht, mit einem Auto zu fahren; er wollte es erst wieder versuchen, wenn er weit weg sein würde vom Haus. Er verließ auch Florenz bald; zwar gab es dort eine Menge Dinge zu sehen – einen Fluß, über den eine alte Brücke führte, und über die Brücke lief eine schmale Straße mit alten Häusern zu beiden Seiten. Es gab auch einen Platz mit großen Statuen und einer Kirche, die aussah wie... David konnte einfach keinen Vergleich dafür finden, so schön war sie. Während seines Aufenthaltes im Hause hatte er erfahren, daß es in Florenz Häuser gab, in denen Tausende von schönen Bildern hingen, die alle Menschen ansehen konnten. Er wäre gern hingegangen; aber er mußte sich ja so schnell wie möglich vom Haus entfernen. Je weiter er fort war, desto schwerer würde es für DIE sein, ihm nachzuspüren.

Bisher hatte niemand ihn nach etwas gefragt; solange er genug Geld hatte, um Brot zu kaufen, brauchte er nicht mit den Touristen zu sprechen; und sie waren es ja, die immer am meisten wissen wollten. Die Italiener fragten nur, wie er heiße und wohin er wolle. David achtete jetzt sehr darauf, was er über den Zirkus sagte. Zu gern hätte er herausgefunden, was an seiner Geschichte vom Zirkus unglaubwürdig war; die Mutter der Kinder hatte ja so etwas behauptet! Er war noch immer der Meinung, daß er sich keine bessere Geschichte hätte ausdenken können.

Oft dachte er darüber nach, was die Eltern der Kinder über ihn gesagt hatten. Es machte ihn ein bißchen traurig, aber doch nicht allzusehr, denn er hatte ja schon vorher gewußt, daß er kein richtiger Junge war, daß irgend etwas an ihm anders und verkehrt war. Aber er war der Meinung, daß die Mutter der Kinder keine gute Erklärung dafür abgegeben hatte, was nun wirklich verkehrt an ihm sei. Sie hatte gesagt, er spreche anders. Nun ja, er hatte wohl gehört, daß viele Italiener ein anderes Italienisch sprachen – aber die Eltern der Kinder hatten fast genauso gesprochen wie er selbst! Genauso wie der italienische Geistliche aus dem Lager. Und sein Französisch war bestimmt ganz richtig, denn Französisch war ja die Sprache von Johannes gewesen! In dieser Sprache kannte David alle Wörter so gut, daß er oftmals erst das französische Wort dachte und ihm dann erst das italienische einfiel. Johannes war klug und gut gewesen, klüger und besser als irgendein Mensch, dem David begegnet war. Und er hatte sich nie verändert. Wenn David Französisch sprach, wie er, dann mußte es auch die beste Art sein, Französisch zu sprechen.

Vielleicht lag hier der Fehler! Ein Landstreicher durfte vielleicht nicht die gewählteste Sprache sprechen? Sollte die Mutter der Kinder es so gemeint haben?

Carlo haßte er. Ja, das stimmte. Wenn er es genau überlegte, konnte er gut begreifen, daß dies der Mutter nicht recht war. Sie wußte ja nicht, daß Carlo böse war. Aber daran ließ sich nichts ändern. Er hätte seinen Haß gegen Carlo nicht einmal vergessen können, wenn Maria ihn darum gebeten hätte. Was böse war, mußte man hassen – sonst wurde man wie DIE.

Nein, er konnte nichts tun, um richtig zu werden; dann hätte er sich innerlich ganz verändern müssen, und das wollte er nicht. Er wollte David bleiben.

Morgen wollte er mit einem Auto fahren, um rascher in die Stadt zu kommen, die Bologna hieß. Seit er Florenz verlassen hatte, waren die Berge immer höher geworden. Er brauchte immer mehr Zeit, um die Steigungen zu überwinden.

David begann an die Schweiz zu denken. Dort würden die Berge noch viel, viel höher sein; so hoch, daß keine Bäume mehr darauf wuchsen – und auf den Gipfeln lag ewiger Schnee. Das hatte ihm Andrea verraten, als sie den Globus betrachtet hatten.

Aber seine Gedanken wollten ihm nicht gehorchen. Auf seinem Herzen lastete etwas Schweres, das ihn in eine Finsternis hineinzog, in der ihm unbehaglich zumute war. David faßte einen Entschluß. Er hatte von weitem ein kleines Dorf gesehen. Dort wollte er in eine Kirche gehen.

Die Häuser sahen freundlich aus. Es war Mittagszeit und fast niemand auf der Straße.

David blieb auf dem Platz vor der Kirche stehen. Sollte er es wagen?

Daß so vieles nun die Schönheit verloren hatte, war daher gekommen, daß er ein Haus betreten hatte. Aber eine Kirche war ja kein Haus, in dem jemand wohnte. Und er hatte sich schon so lange gewünscht zu wissen, wie es in einer Kirche aussah. In einer Kirche sprach man mit Gott. Darum trieb ihn eine ganz kleine Hoffnung, etwas Gutes zu finden, hinein.

Die Tür war sehr schwer. Selbst in ganz kleinen Dörfern war die Kirche stets groß; und die Tür war ebenso schwer wie die große Tür im Hause; er mußte sich fest dagegen stemmen, um sie zu öffnen.

Er trat ins Halbdunkel des Kircheninneren. Gleich neben der Tür blieb David stehen, denn er kam aus dem Sonnenschein, und seine Augen mußten sich erst an das sanfte, schwache Licht gewöhnen.

Es war sehr still. Und schön – fast wie im Haus; und trotzdem ganz anders. Es gab Gemälde und viel geschnitztes Holz, und die Fenster waren aus Glas in vielen bunten Farben. Vor einigen Bildern an den Seitenwänden brannten Kerzen.

Da merkte David, daß es doch nicht ganz still war! Seine Augen hatten sich an das schwache Licht gewöhnt, und er entdeckte vor einem der Bilder eine schwarze Gestalt; ein Mann lag dort auf den Knien und sprach ganz leise vor sich hin.

David horchte. Falls es jemand war, der um etwas bat, wollte er es gern hören. Vielleicht konnte er etwas lernen. Aber er konnte die Worte nicht verstehen. Es war ... es war – Latein! Ja, es war Latein. Diese Sprache verstand er nicht, bis auf ganz wenige Worte.

Die Gestalt erhob sich. »Guten Tag, mein Junge! Suchst du etwas?«

»Nein, Signore«, sagte David höflich und ging schnell einen Schritt zurück; dabei blickte er sich um, denn er wollte sich vergewissern, wo die Tür sei.

»Du brauchst dich nicht vor mir zu fürchten. Du siehst doch, ich bin Geistlicher.«

Das stimmte. Die Geistlichen außerhalb des Lagers trugen lange, schwarze Gewänder. Und Priester gehörten nie zu DENEN. David schaute nicht mehr zur Tür, sondern auf eins der Gemälde.

»Ist das Ihr Gott, Signore?«

»Nein, das ist der heilige Christophorus.«

»Kein Gott?«

»Es gibt nur einen Gott, mein Junge.«

David runzelte die Stirn.

»Wie heißt du, mein Junge?«

»Ich bin David.«

»So du bist David. Und wer ist dein Gott, David?«

»Es ist der Gott der grünenden Weiden und der stillen Wasser.«

Der Priester sah ihn lächelnd an. »Der Herr ist mein Hirte, ich leide nicht Not; auf grünender Weide läßt Er mich lagern. Er führet mich an Wasser der Ruhe, Erquickung spendet Er meiner Seele. Er leitet mich auf dem rechten Pfad getreu Seinem Namen. Und muß ich auch wandern im finsteren Tale, ich fürchte kein Unheil, denn Du bist bei mir. Es ist derselbe Gott, David.«

David hatte aufmerksam zugehört. Er liebte diese seltsamen Worte, die von Menschen sonst nicht gesprochen wurden. Es klang so, als kenne der Geistliche seinen Gott gut.

»Es kann nicht derselbe Gott sein, Signore. Er war der Gott eines Mannes, der ebenfalls David hieß.«

»Ja. Das, was ich sagte, steht im zweiundzwanzigsten Psalm David. Ich sehe, daß du ein fremder Junge bist und nicht unserer Kirche angehörst. Aber du kannst mir glauben, David, daß es trotzdem derselbe Gott ist. Wir Menschen geben ihm nur verschiedene Namen, aber wenn wir beten, weil wir Hilfe brauchen oder Trost, dann ist es immer derselbe Gott, der unsere Gebete erhört.«

Möglicherweise stimmte das, was der Priester sagte. David konnte es nicht wissen, denn es gab ja so vieles, was er nicht wußte. Aber wenn er etwas gewählt hatte, dann wollte er daran festhalten, auch wenn es ein Gott war. Falls sich der Geistliche irrte, wollte er sich nicht davon beirren lassen.

»Ich möchte aber lieber meinen eigenen Gott behalten, Signore, denn er ist sehr stark und hilft, wenn ich mich am meisten fürchte. Und man darf seine Ansicht auch nicht ändern, wenn man gewählt hat, denn man muß Achtung haben vor dem, was man selbst bestimmt hat.«

David sagte es sehr höflich, denn er wollte den Priester nicht kränken.

Das war auch nicht der Fall; der Geistliche lächelte noch immer und sagte so milde, daß es fast wie die Stimme von Johannes klang: »Das ist alles richtig, David, und du hast gut gewählt. Dir wird es gewiß an nichts mangeln. Weißt du, was mangeln bedeutet?«

»Ja, es heißt soviel wie etwas entbehren. Aber mir gefällt das andere Wort besser. Es klingt viel mehr nach – Musik.«

David war nicht mehr ganz sicher, ob es wirklich so einfach sei. Etwas entbehrte man doch immer; und schließlich mußte man auch selbst immer etwas beitragen. Für nichts konnte man doch nicht belohnt werden.

Es sah aus, als wollte der Priester die Hand nach ihm ausstrecken. David wurde ganz starr. Aber er hatte sich geirrt. Der Priester berührte ihn nicht. Er sagte nur: »Ich will jetzt nach Hause gehen, David. Hast du Hunger? Dann kannst du mitkommen. Oder kann ich dir vielleicht sonst irgendwie helfen?«

David überlegte. Ein Geistlicher war nie gefährlich, und es wäre dumm gewesen, die dargebotene Hilfe nicht anzunehmen. Er wollte doch etwas wissen. »Danke«, sagte er, »hungrig bin ich nicht, aber wenn Sie eine Landkarte von Italien hätten, würde ich gern nachschauen, wo die Schweiz beginnt.«

Hinter Bologna gab es nicht mehr soviel Schönheit. Die Landschaft war fast ganz flach und der Weg staubig und grau. Vielleicht waren die Seitenwege schöner; David hatte festgestellt, daß dies oftmals zutraf. Aber er hatte es eilig – und auf den großen Straßen fuhren die meisten Autos. Er hatte sich aufgeschrieben, wie die Ortschaften hießen, die er durchwandern mußte, um in die Schweiz zu kommen. Von Nacht zu Nacht wurde es etwas kälter. David unterbrach seine Wanderung nur, wenn er Brot brauchte. Das viele Geld, das er gehabt hatte, war ausgegeben. In den Ortschaften konnte er Geld verdienen, aber es gab nicht mehr so viele Touristen. Wenn es kälter wurde, fuhren sie wahrscheinlich alle wieder nach Hause. Dann mußte er vielleicht verhungern. Die Italiener konnten die meisten Dinge selbst tun und brauchten keinen Jungen zur Hilfe. Obwohl er vom Haus schon sehr weit entfernt war, verließ ihn der Gedanke nie, daß sie womöglich die Polizei eingesetzt hatten, um ihn zu finden. Daher mied er die Italiener, wo es ging; aber hin und wieder ließ er sich von einem Auto mitnehmen. Die Autofahrer kümmerten sich nicht um einen fremden Jungen; sie dachten nur daran, ihren Bestimmungsort zu erreichen, und daran, was ihnen zu Hause an Arbeit bevorstand. Sie waren schon zufrieden, wenn er ihren Erzählungen über sich selbst und ihre Familie lauschte. Sie behaupteten zwar, sie hätten gern jemanden, mit dem sie plaudern könnten, doch David hatte hierüber seine eigene Meinung; sie wollten nicht mit jemandem sprechen, sie wollten zu jemandem sprechen. Ihm selbst blieb nicht mehr zu sagen als ja oder nein. Das war ihm ganz recht. Solange sich die Leute nur für sich selbst interessierten, fragten sie ihn nicht aus. Und fast immer teilten sie ihr Essen mit ihm.

Einmal wurde David von einem Autofahrer auf einen Bahnhof geschickt. David hatte schon öfter Züge gesehen, aber er hatte nie daran gedacht, daß sie an bestimmten Stellen stehenblieben und daß es Bahnhöfe geben müsse. Das war, ehe er nach Mailand kam. Der Mann, mit dem er fuhr, hatte ihn etwas über den Zirkus gefragt, und David hatte gesagt, er sei krank geworden, als sie in Neapel gewesen wären; deshalb sei er allein unterwegs und müsse nun wieder zu seinem Zirkus stoßen. Der Mann fragte, ob er Geld genug habe, und David antwortete, er verdiene manchmal etwas; der Mann meinte, er tue es wohl auf Bahnhöfen.

Daher suchte David den Bahnhof, als er nach Mailand kam. Es war eine gute Art, Geld zu verdienen! Die Leute, die wegfahren wollten oder aus dem Zug ausstiegen, brauchten oftmals jemanden, der ihre Koffer trug. Auf Bahnhöfen gab es stets eine Menge Touristen, die nicht Italienisch konnten und froh waren, wenn jemand sie verstand und ihnen behilflich war. Er mußte sich also nach den Zuganschlüssen erkundigen oder für sie telefonieren oder ein Restaurant ausfindig machen. Einen ganzen Abend lang hielt sich David auf dem Bahnhof auf und verdiente dabei so viel Geld, daß er sich wieder für mehrere Tage Brot kaufen konnte.

Hier bekam er auch die Zeitung zu Gesicht.

Zeitungen hatten ihn in letzter Zeit nicht mehr besonders interessiert. Wenn er eine fand oder wenn das Brot, das er kaufte, in Zeitungspapier eingepackt war, las er, was gedruckt stand, um sich im Lesen zu üben; aber es stand so viel darin über Dinge, die er nicht kannte – und außerdem konnte er ja nicht wissen, ob alles stimmte. Er wußte doch nicht, wer die Dinge geschrieben hatte. Vielleicht waren es DIE – und dann war es besser, nicht daran zu glauben. Plötzlich sah er seinen eigenen Namen!

Er hatte ein Weilchen auf einer Bank gesessen, denn die letzte Tasche, die er getragen hatte, war sehr schwer gewesen, und er war nun müde. Neben ihm saß ein Italiener. Als er ging, ließ er seine Zeitung auf der Bank liegen.

Es stand hinten auf der letzten Seite:

David! Fürchte dich nicht. Wir suchen nicht nach dir. Aber es wäre uns eine große Freude, wenn du zurückkommen und bei uns wohnen würdest. Wir glauben dir alles, was du geschrieben hast.

Die Eltern der Kinder

Sie hatten es an ihn geschrieben. Daran war kein Zweifel. Einen Augenblick lang fühlte er sich glücklich.

Im Graben war es kalt. Abends wagte er nie, mit einem Auto zu fahren, denn die Leute schienen es nicht für richtig zu halten, wenn ein Junge abends unterwegs war. Es hatte sehr lange gedauert, aus Mailand herauszukommen. Er hatte keinen besseren Schlafplatz als den Graben gefunden. Es war ein Vorteil, daß er vom Lager her gewohnt war zu frieren. David mußte wieder an die Nachricht in der Zeitung denken. Es war gut, daß sie ihm geschrieben hatten. Sie waren gute Menschen – alle – außer Carlo.

Trotzdem wußte er, daß er nicht zu ihnen zurückkehren konnte. Er würde Carlo immer hassen, und er würde immer anders und – verkehrt sein. Und er konnte ihnen nicht beantworten, was sie wissen wollten; denn dann wären sie gezwungen gewesen, ihn zu DENEN zurückzuschicken.

Plötzlich wußte David, weshalb nichts mehr wahrhaft gut gewesen war, seit er das Haus verlassen hatte. Er erinnerte sich daran, wie beunruhigt er gewesen war, als er am ersten Tag die breite Treppe hinaufging. Er hatte gespürt, daß ihm in dem Haus etwas Gefährliches begegnen würde. Ach, wäre er damals fortgelaufen und nie hineingegangen! Denn vorher war er glücklich gewesen. Ja, wirklich glücklich. Damals als er auf der Klippe gewohnt hatte und als er über die Straßen gewandert war; das Brot und die Früchte hatten ihm gemundet; er hatte sich waschen können, wann er wollte, und gehen, wann er wollte. Doch seit er das Haus betreten hatte, war all dies nicht mehr soviel wert.

Er hatte etwas gesehen, was er niemals bekommen konnte. Nie wieder konnte etwas ganz so gut und schön werden wie zu der Zeit, als er noch nicht wußte, daß es das andere gab. Selbst wenn er Carlo nicht gehaßt hätte, selbst wenn er gewagt hätte, zurückzugehen – es hätte nichts genützt. Die Kinder und ihre Eltern gehörten zusammen; David konnte nie ganz dazugehören. Er war ja nicht richtig – nicht so, wie ein Junge sein mußte, der nicht in einem Lager gelebt hatte. Es gab keinen

Ort, wo er seinen Platz hatte. Jetzt, da sie ihm glaubten, daß er kein böser Mensch sei, würden sie sich bemühen, ihn glauben zu machen, er gehöre zu ihnen. Aber es würde nicht der Wahrheit entsprechen. Er würde trotzdem David bleiben, ein Junge, der geflohen war und nicht wußte, wohin er flüchtete.

Er hätte das Haus nie betreten dürfen. Maria. Jedesmal, wenn er bei ihrem Anblick gelächelt hatte, war ihm bewußt gewesen, daß er etwas vergessen hatte; etwas, was wichtig war.

Er hatte seine wichtigste Lebensregel vergessen: niemanden gernzuhaben. Damals als Johannes starb, hatte er geglaubt, nun selbst sterben zu müssen. Aber als er sich wieder erholt hatte und wußte, daß er jetzt nicht sterben würde, war ihm klar geworden, daß er sich niemals wieder um jemanden kümmern durfte. Nur in der Gleichgültigkeit würde er es künftig aushalten können. So hatte er all die Jahre dahingelebt. Doch als er Maria sah, vergaß er es.

Nun konnte nichts mehr so gut werden, wie es früher war. Selbst wenn sie nicht nach ihm suchten, selbst wenn er seine Freiheit bewahren konnte und nicht zuviel fror oder gar verhungerte – es würde nie wieder wie vorher sein. Jeder andere Junge, jeder, bei dem nichts verkehrt war, gehörte irgendwohin, gehörte zu anderen Menschen. Jemand liebte ihn, und er durfte jemanden liebhaben. Er selbst aber durfte immer nur David bleiben.

»Gott«, sagte er, »Gott der grünenden Weiden und der ruhigen Wasser! Ich bitte Dich nicht um Hilfe, denn es ist nichts daran zu ändern, daß ich David bin. Aber Du sollst wissen, daß ich entdeckt habe, daß die grünenden Weiden und die Wasser der Ruhe nicht genug sind zum Leben – und auch nicht die Freiheit. Nicht, wenn man gefühlt hat, daß es auch Liebe gibt und daß man selbst niemanden hat und nur ein Junge auf der Flucht ist. Meine Worte sollen Dir sagen, daß Du mir nicht mehr zu helfen brauchst, damit SIE mich nicht fangen. Es macht mir nichts aus. Danke für alle Hilfe, die Du mir hast zuteil werden lassen, als ich selbst noch glaubte, es könne das Leben vielleicht doch noch gut für mich werden. Ich bin David. Amen.«

David wußte nicht mehr, wann er aufgehört hatte zu weinen. Er hatte nicht mehr geweint, seit Johannes gestorben war, außer am ersten Tag auf der Klippe; doch damals war ihm nur das Wasser aus den Augen geschossen; es war nicht Trauer gewesen, wie wenn man richtig weint. Schließlich mußte er aber eingeschlafen sein, denn als er sich wieder umblickte, war es Morgen, und die Sonne schien. Sie mußte schon lange geschienen haben, denn er war nicht mehr so steif vor Kälte wie in der Nacht.

Er war nur entsetzlich müde. Nicht in den Beinen, sondern ganz tief im Inneren. Er erhob sich, nahm sein Bündel und fing an zu laufen. Es war ja gleichgültig, ob er weiterging oder nur wartete.

Er dachte an gar nichts. Es war nicht mehr notwendig zu denken; er war ganz abgestumpft.

Trotzdem fand er einen Weg, wie er die Grenze umgehen konnte. Er wußte selbst nicht, weshalb er es tat. Es war nicht einmal etwas Gutes; es war etwas, was den Körper des Menschen veranlaßte, Mühen auf sich zu nehmen, die ihn am Leben erhielten, wenngleich er wußte, daß es besser gewesen wäre zu sterben. Oder war es am Ende, weil er die Schönheit wiedergefunden hatte, als er einen Ort erreichte, der Como hieß? Die Berge waren wieder da, und der Ort lag am Rande eines großen blauen Sees, der rings von Bergen umgeben war – und auf den Straßen lachten die Menschen.

Hinter der nächsten Ortschaft verlief die Grenze, und David wußte sofort, daß er sie nicht leiden mochte. Da war ein Schlagbaum, der den Weg versperrte, und da waren Soldaten, welche die Papiere der Leute kontrollierten, ehe sie hinüber durften. Es sah alles sehr freundlich aus, und alle taten so, als hätten sie gar keine Angst. Nun ja, schließlich hatten sie auch Papiere – und deshalb erhielten sie die Erlaubnis, ihren Weg fortzusetzen. Aber David mochte es nicht. Hier wollte er sich nicht fangen lassen, nicht an einem Schlagbaum.

Er verließ die Ortschaft wieder und folgte einem schmalen Weg. Erst nach etwa einer Stunde begann er in nördlicher Richtung zu gehen, und nun verließ er den Weg ganz. Er wußte vom Lager her, daß man auf diese Weise über die Grenze ging, wenn man nicht gesehen werden durfte. Manchmal wurden Leute dabei ertappt – aber das war meist nur Zufall.

Er entfernte sich weit von der Straße und ging durch die Weingärten. Dabei beobachtete er den Sonnenstand, denn er mußte immer nach Norden gehen. Es war ein mühsames Weiterkommen, aber er wollte erst ganz sicher sein, daß er die Grenze überschritten hatte. Dann erst durfte er sich wieder auf die Straße wagen. Er kam an einen Ort, der Mendrisio hieß. Erst glaubte er, den Weg verfehlt zu haben, denn die Leute auf der Straße sprachen noch italienisch. Aber dann sah er, daß über einer Tür das Wort Svizzero stand – und daneben hing eine Fahne, die anders aussah als die Fahnen in Italien. Svizzero war der italienische Ausdruck für Schweiz. Also wurde in der Schweiz auch Italienisch gesprochen.

David beschloß, wieder auf der Straße zu wandern; er hatte ja nur dem Schlagbaum ausweichen wollen. Über die Schweiz wußte er nichts – gar nichts! Im Lager war nie ein Schweizer gewesen. Vielleicht war es Zufall. Aber das spielte jetzt keine Rolle.

Im Laufe des Nachmittags kam er wieder an den See. Möglicherweise war es auch ein anderer See. Alles war hier wunderschön, fast ebenso schön wie damals auf der Klippe. An den Hängen lagen kleine freundliche Dörfer, und auf dem See kreuzten Segelboote. Als er eine Weile am Ufer entlanggegangen war, führte der Weg über eine Brücke auf die andere Seite des Sees. Die nächste Stadt würde Lugano sein. Dort wollte er sich Brot kaufen und vielleicht auch etwas Käse.

Aber David kam nicht nach Lugano. Die Straße verlief über dem See am Berg entlang – und ein Stückchen weiter oben erblickte er einen Orangenbaum. Vielleicht war eine Frucht heruntergefallen. Er begann hinaufzuklettern, fand wirklich eine Apfelsine, blieb stehen und schaute hinunter auf den See. Der Blick von hier oben war herrlich! Zwischen den Bäumen hindurch bahnte er sich einen Weg, um noch höher hinaufzusteigen. Dort setzte er sich auf eine niedrige Mauer. Sie war von der Sonne angenehm durchwärmt. Er nahm sein Messer heraus und schälte die Apfelsine, mußte aber zwischendurch immer wieder den See dort unten betrachten.

»Hallo, Junge!«

David drehte den Kopf ganz ruhig; es war ja nicht so wichtig, wer da kam. Er stand auf, denn es war eine Frau – und der Vater der Kinder war immer aufgestanden, wenn die Mutter hereingekommen war, und er hatte von den Jungen dasselbe verlangt.

»Ich würde dich gern malen, wenn du Zeit hast.«

David schaute sie an. »Ich habe Zeit genug«, erwiderte er sehr höflich. »Aber ich weiß nicht, wie es ist, wenn man gemalt wird. Wo wollen Sie denn malen?«

Die Frau hatte inzwischen eine Staffelei aufgestellt. Neben ihr stand ein Kistchen. »Hier«, sagte sie.

David ging zu ihr hin und betrachtete die Staffelei. »Oh, ich habe nicht verstanden, daß Sie ein Bild malen wollen! Können Sie schöne Bilder malen, Signora?«

Die Frau lachte. »Nein, meine Bilder sind entsetzlich schlecht! Aber allein der Versuch ist doch etwas wert. Meinst du nicht? Man kann dann immer noch hoffen, es eines Tages wirklich zu etwas zu bringen.«

»Ja. Aber eines Tages weiß man, daß man es nie können wird«, sagte David.

Die Frau blickte ihn an, als wollte sie etwas erwidern; aber David war überzeugt davon, daß die Worte, die sie sprach, nicht das ausdrückten, was sie sich gedacht hatte. Sie fragte nur, ob er stillsitzen könne.

David sagte ja, und sie lachte ihn an und meinte, das sei sicher Schwindel, aber eine Viertelstunde später entschuldigte sie sich dafür: er könne wirklich stillsitzen. Den Kopf dürfe er jetzt ruhig bewegen, und er dürfe auch ein bißchen plaudern, wenn er wolle; nur mit dem übrigen Körper müsse er noch stillhalten.

David antwortete höflich, er habe eigentlich nichts zu erzählen, doch die Frau schien das nicht weiter merkwürdig zu finden. Sie malte und malte, und David konnte ihr in aller Ruhe dabei zusehen.

Sie war keine junge Frau; aber alt war sie auch noch nicht. Sie war schlank, und David wußte nicht recht, ob sie ihm gefiel. Sie war keine Italienerin, denn sie konnte die Sprache nicht richtig; sie konnte sich wohl ausdrücken, aber sie wußte oft nicht, ob die Hauptwörter männlichen oder weiblichen Geschlechts waren. Ihr Haar war hellbraun, und ihre Augen waren grau. Sie war nicht schön, ja nicht einmal hübsch. Dennoch gab es in ihrem Gesicht nichts, was häßlich war. Und klug war sie auch; dem Gesicht eines Menschen sah man immer an, ob er klug war.

David stellte bei sich fest, daß er nichts gegen sie hatte. Sie hielt es nicht für notwendig, ihn auszufragen oder mit ihm zu sprechen; und wenn sie etwas sagte, sprach sie ordentlich und nicht so verkehrt und dumm, wie manche Leute es Kindern gegenüber taten. Ein Kind zu sein war ja schließlich nicht gleichbedeutend damit, dumm zu sein.

So vergingen viele Stunden. Die Sonne sank tiefer und tiefer. Er konnte es an den Schatten beobachten, die immer länger wurden. Plötzlich sagte die Frau: »Du bist aber dumm, Junge! Warum hast du mir denn nicht gesagt, daß es schon so spät ist? Du mußt ja vom langen Sitzen todmüde sein!«

»O nein!« sagte David.

»Also los! Wenn du hungrig bist, dann hilf mir beim Einpakken, und dann gehen wir zusammen nach Hause und essen Abendbrot.«

Sie wohnte in einem freundlichen Haus. Es war nicht besonders groß, aber leuchtend gelb verputzt, hatte grüne Fensterläden und kleine Balkons vor den Fenstern. Umgeben war es von einem Garten, in dem Zypressen und Palmen wuchsen. Innen war das Haus ebenfalls schön. An den weißgetünchten Wänden hingen Bilder und verschiedene Gegenstände. Die Möbel waren sehr hübsch und ganz anders als die, die David bisher gesehen hatte.

Die Frau sagte, er könne den Tisch decken, während sie das Essen zubereite. Er werde die notwendigen Sachen schon finden; aber er solle nichts kaputtmachen.

Das bereitete ihm Vergnügen. Oft hatten die Kinder gesagt, daß ihnen etwas Spaß mache, aber David hatte nie richtig verstanden, was sie damit meinten. Den Tisch decken zu dürfen, machte ihm Spaß. Er durfte allein durch ein schönes Zimmer gehen und die Sachen zusammensuchen, die auf dem Tisch stehen sollten.

»Das ist ja großartig!« rief die Frau aus, als sie hereinkam. Er hatte kein weißes Tuch finden können und auch keine silbernen Teller, die er hätte unter die richtigen stellen können. Aber David hatte ein Stück Stoff gefunden, das von der gleichen Farbe war wie manche Berge, die er von der Klippe aus hatte sehen können – rot und braun zugleich. Die Frau besaß hübsche Teller, und Messer und Gabeln waren aus Silber. Sie hatte auch dünne, schöne Gläser; er hatte sie ganz hinten in einem Schrank gefunden. Von der Kommode hatte David einen Leuchter genommen und ihn an das Tischende gestellt, neben eine schwarze Schale von eigenartiger Form. Dann hatte David vor dem Fenster eine leuchtendrote Blume abgebrochen und sie in die Schüssel gelegt.

»Wo hast du nur das Tischdecken gelernt, junger Mann?«

David sah die Frau an. »Ich habe es gern, wenn alles schön aussieht«, sagte er ernst.

»Verzeih, ich wollte nicht neugierig sein, und du hast vollkommen recht. Es ist ganz vernünftig und richtig, wenn man auch das Alltägliche in einer schönen Weise vollzieht.«

Die Frau war klug! Sie hatte herausgehört, daß er ihr keine direkte Antwort gegeben hatte.

Mit der Zeit gefiel sie David immer besser. Während des Essens sprachen sie über die verschiedensten Dinge; über das Essen, über Möbel und Farben, und es war, als wundere sie sich überhaupt nie über irgend etwas, was er sagte. Sie sprach so, als wäre er ein Mensch, der verstehen konnte, was sie sagte. David beschloß, sie nach allem zu fragen. Er wollte ihr nicht gestehen, woher er kam; er wollte immer nur fragen. Es war ja ziemlich gleichgültig, wenn sie mißtrauisch wurde. Ein einziges Mal wollte er alle Fragen stellen können, ohne daran zu denken, ob er sich dadurch schadete.

Einerlei, was David fragte, er bekam immer eine Antwort; aber es kam nie eine Gegenfrage. Schließlich fragte David: »Gibt es in Dänemark einen König?«

»Ja, dort haben sie einen. Ich will nachsehen, ob ich ein Bild von ihm finden kann. Wieso weißt du, daß ich Dänin bin? Bist du aus dem Dorf?«

»Nein. Ich habe es gar nicht gewußt – ich wollte nur wissen, wo es Könige gibt.«

»Ach so. Also, ich bin Dänin. Ich heiße Sophie Bang.«

»Ich bin David.«

Die Frau hatte ihn nicht danach gefragt. Aber nachdem sie ihm ihren eigenen Namen genannt hatte, hielt er es für richtig, daß sie auch seinen Namen erfuhr.

»David?« fragte die Frau. »Diesen Namen hört man selten – außer in England.«

»Glauben Sie, daß es ein englischer Name ist?«

»Nein, er stammt aus der Bibel. Ursprünglich kommen die meisten Namen von dort. Viele Leute heißen so – aber ich habe selbst nur einen einzigen gekannt, der so hieß. – Und ihn habe ich nie gesehen.«

David schaute sie interessiert an und wartete auf das, was sie nun erzählen würde. Aber sie sagte nur rasch: »Nun ja, das ist eine traurige und böse Geschichte. Es besteht kein Grund, sie dir zu erzählen.«

Sie sprachen also über andere Dinge. Sie zeigte ihm eine Zeitschrift und darauf ein großes Bild: eine Fotografie des Königs und der Königin von Dänemark. David betrachtete es lange. Der König hatte eine Uniform an, mit Fransen an den Schultern und vielen Orden. Die Königin glich einer Frau auf einem Gemälde. Sie trug ein langes, ärmelloses Kleid und auf dem Kopf ein herrliches Diadem.

»Nun, entsprechen sie deinen Erwartungen?« fragte Signora Bang.

»Ich weiß ja nicht, wie ein König und eine Königin aussehen

müssen«, erwiderte David. »Aber sie sehen nicht aus wie Menschen, die ein Versprechen nicht halten oder die sich das Recht anmaßen, andere Menschen ihres Lebens oder ihrer Freiheit zu berauben. Sie sind also bestimmt so, wie sie sein sollen. Vielen Dank, daß Sie mir das Bild gezeigt haben.«

David lag in dieser Nacht wieder in einem Bett. Signora Bang hatte gesagt, er könne bei ihr übernachten, wenn er es nicht eilig habe. Er könne auch morgen noch bleiben. David hatte wieder vom Zirkus erzählt. Er tat es nicht gern, aber was sollte er denn erzählen? Und er hatte ja antworten müssen, als sie fragte, ob er es eilig habe.

Es war interessant gewesen, mit ihr zu plaudern. Wenn er sie früher getroffen hätte, bevor ihm klar geworden war, daß sein Leben sich niemals zum Guten wenden könne, hätte er sich gewiß über diese Begegnung gefreut. Nun aber war es gleichgültig. Sie besaß viele schöne Dinge, und am See gefiel es ihm auch; er konnte also ruhig morgen noch hierbleiben. Am Tag darauf müsse sie nach Rom reisen, hatte sie erklärt.

David konnte nicht einschlafen. Er war nicht mehr ganz so unglücklich. In Wirklichkeit hatte er immer gemeint, daß das Sterben gar nicht so schwer sei; nur kurz nachdem er geflohen war, hatte er gern weiterleben wollen. Nun konnte er nicht zu seiner alten Einstellung zurückfinden. Er mußte an so viele Dinge denken. Er konnte nicht, wie damals im Lager, einfach an gar nichts denken.

Am Morgen hörte er, wie die Signora mit jemandem sprach. Er wollte oben bleiben, bis sie wieder allein war. Sie sprach französisch mit einem Mann, der mit der Signora segeln gehen wollte; aber sie lehnte dankend ab. Sie könne nicht mitkommen, denn sie habe einen Gast, einen Jungen, den sie malen wolle. Der Mann fragte, ob es einer der »Rangen aus dem Dorf« sei; aber die Signora sagte, nein, er gehöre zu einem Zirkus. Sie sagte jedoch nicht, wie David eigentlich erwartet hatte, daß er ein merkwürdiger Bursche sei. Sie sagte: »Jemand hat ihm das Herz gebrochen.«

Der Mann erwiderte, Herzen seien wohl nicht so leicht zu

brechen, und die Signora antwortete, sie glaube auch gar nicht, daß es so leicht gewesen sei – aber letzten Endes sei es gelungen.

Der Mann riet, sie solle etwas unternehmen. Er meinte, wenn ein Kind wirklich unglücklich sei und allein umherstreife, habe man die Pflicht, seine Verhältnisse zu untersuchen und ihm zu helfen. Aber die Signora antwortete nur: »Wie soll man einem Herzen helfen, das entzweigegangen ist? Ich habe kein Recht, mich in seine Verhältnisse einzumischen. Ich könnte ihm Geld geben, damit er seinem Zirkus mit der Eisenbahn nachfahren kann und nicht zu Fuß gehen muß. Aber weder Sie noch ich haben Geld übrig, Pierre, und es wird dem Jungen wohl nicht schaden, wenn er läuft. Ich nehme an, er fährt meistens per Anhalter. Das ist heutzutage ja üblich.«

Als der Fremde fort war, ging David hinunter; die Signora hatte ein Frühstück für ihn vorbereitet. Dann malte sie ihn wieder, und während sie sich nach dem Essen ausruhte, durfte David in ihren Büchern lesen.

Aber er kam gar nicht zum Lesen. Er fand in einem Regal ein großes Album mit Fotografien. Es waren Fotos aus vielen verschiedenen Ländern, und manchmal stand darunter, um welche Orte es sich handelte. Es gab auch Fotografien von Menschen. Auf manchen konnte er die Signora erkennen. Einige Bilder waren nicht eingeklebt. Eines fiel aus dem Album heraus.

David wußte nicht, wie lange er es in der Hand gehalten und betrachtet hatte, als die Signora hereinkam.

»Wer ist das?« fragte er, als er sie bemerkte, und reichte ihr das Bild.

»Das ist eine Freundin von mir. Sie heißt Edith Hjort Fengel.«

»Bitte, erzählen Sie mir etwas von ihr!«

»Weshalb?«

»Ihre Augen sehen aus, als hätte sie Schweres erfahren – und trotzdem lächelt ihr Mund.«

»Du bist ein guter Beobachter, David; aber ich kann dir eigentlich nur Trauriges erzählen. Sie wohnte mit ihrem Mann in einem Land, wo – wo die politischen Verhältnisse es erfordern, sehr vorsichtig zu sein. Aber ihr Mann konnte das nicht. Ach, David, das ist eine sehr erwachsene Geschichte. Du bist wahrscheinlich viel zu jung, um sie zu verstehen. Eines Nachts holte die Polizei sie alle drei: ihren Mann, sie selbst und ihren einjährigen kleinen Jungen. Er ist es, der auch David hieß, genau wie du, und den ich nie gesehen habe. Sie brachten ihren Mann und das Kind um, und Edith entkam nur deshalb, weil einer der Gefangenenwärter sie kannte und in sie verliebt war. Er verschaffte ihr Papiere und brachte sie über die Grenze, und nun wohnt sie zu Hause in Dänemark und hat es so gut – nun ja, so gut man es eben haben kann, wenn man einmal sehr unglücklich gewesen ist. Alle Traurigkeit kann vergehen, David, wenn man lange genug wartet. Versuche dir das zu merken. Sorgen haben ein Leben, genau wie der Mensch. Trauer und Sorgen werden geboren; sie leben und sterben. Und wenn sie tot sind, ist immer jemand da, der sich ihrer erinnert. Genau wie bei einem Menschen.«

7

Es stürmte eisig kalt. Der Schnee fegte über die Straße, so daß David nicht die Hand vor den Augen erkennen konnte. Er wußte, daß ihn die Kräfte bald verlassen mußten, und trotzdem kämpfte er sich durch, Schritt für Schritt. Er wollte nicht sterben. Er wollte weitergehen und immer weiter, bis er nach Dänemark kam und die Frau fand, von der er wußte, daß sie seine Mutter sein mußte. Nichts konnte ihn mehr aufhalten, weder der Schnee, noch die Kälte, noch die Berge, und auch nicht DIE. Er war David, ein Junge auf der Flucht, der wußte, wohin er wollte.

Gestern war er von Lugano aus mit einem Auto weitergefahren. Aber als sie in einem Ort angekommen waren, der Faido hieß, wollte der Mann nicht weiterfahren. Es würde Sturm geben, hatte er gesagt, und der Paß sei gesperrt. David hatte in einem Stall außerhalb des Ortes geschlafen und am

Morgen seinen Weg fortgesetzt. Die ganze Zeit ging es bergauf. Es wurde immer kälter und kälter, und schließlich war der Schnee gekommen.

Die dänische Frau hatte ihn aufgefordert, wieder zu ihr zu kommen, wenn sie aus Rom zurück sei. Sie hatte gesagt, er solle nur fragen, wenn er etwas wissen wolle, und wenn ihm der Zirkus nicht viel bedeute und er keine Familie habe, könne er gern bei ihr wohnen. Aber David hatte dies alles nur wie aus weiter Ferne vernommen. Er war froh, daß er sich angewöhnt hatte, niemanden merken zu lassen, wenn er sich fürchtete oder an etwas dachte. Er hatte ihr sehr höflich geantwortet und nicht vergessen, sich zu bedanken, und er hatte sich ganz so benommen, als wäre nichts geschehen. Er hatte erklärt, er habe einen Onkel im Zirkus, der immer sehr freundlich zu ihm sei. Er hatte das Blaue vom Himmel heruntergelogen und nicht einmal ein schlechtes Gewissen dabei gehabt. Er mußte nach Dänemark, und alles, was ihn daran hindern konnte oder was es DENEN ermöglicht hätte, ihn zu fangen, mußte er durch Lügen umgehen. Hatte der Franzose nicht davon gesprochen, daß er seine Verhältnisse untersuchen wolle? Niemand und nichts sollte ihn jetzt aufhalten! In seinem Herzen wußte er, daß die dänische Signora ihn verstanden hätte, wenn es ihm möglich gewesen wäre, es ihr zu erzählen.

Er hatte sie nach dem Namen des Gefangenenwärters gefragt, und es war der Name des MANNES. David verstand jetzt alles – oder zumindest fast alles. Der MANN hatte die Frau gerettet, weil er sie gern gehabt hatte, so gern, wie erwachsene Leute sich haben, wenn sie einander heiraten wollen. Aber ihren Mann hatte er nicht gerettet, denn er haßte ihn, weil er ihr Mann war. Und er hatte David gerettet, weil er ihr Kind war. Aber er hatte es ihr nicht gesagt; vielleicht deshalb, weil er nur für sie Papiere verschaffen konnte. Aber David glaubte nicht, daß dies der einzige Grund war. SIE wollten sich immer rächen. Der MANN hatte sich an der Frau gerächt, die nichts von ihm wissen wollte, indem er aus David einen Jungen machte, der als Gefangener im Lager aufwuchs. Ja, so war es wohl. Trotzdem hatte er darauf geachtet, daß David am Leben blieb. Er hatte ihm Milch zu trinken gegeben und immer gesagt: ›Der Junge weiß von nichts.‹

Viele Dinge verstand David jetzt. Er hatte immer geglaubt, DIE hätten Johannes im Lager nur deshalb etwas besser behandelt als die anderen Gefangenen, weil DIE nicht an ihn rühren konnten, sobald er sie nur ansah. Aber das war es nicht allein. Der MANN hatte Johannes auch darum ein wenig geschont, weil er gut zu David war.

David haßte den MANN, weil er böse war und weil er aus ihm einen Jungen gemacht hatte, der anders war als die anderen und immer ein Gefangener des Lagers bleiben würde. Doch gleichzeitig konnte David ihn nicht bedenkenlos hassen, denn schließlich hatte er ihn ja laufen lassen.

Niemand hatte ihn bestochen. Es gab ja niemanden, der es hätte tun können, denn niemand wußte, daß David existierte. Wer DIE kannte, wußte auch, daß es für den MANN sehr gefährlich gewesen war, jemanden fliehen zu lassen. Trotzdem hatte er es getan.

David ging immer langsamer. Er spürte seine Füße nicht mehr. Sicher war er völlig durchnäßt. Das Schneetreiben wurde immer stärker. Er verspürte einen ganz unwiderstehlichen Drang, sich hinzulegen, wenigstens für einen Augenblick. Aber er wagte es nicht. Im Schnee kann man erfrieren. Die Straße war nicht mehr zu sehen. Alles war mit Schnee bedeckt. Er konnte überhaupt nichts erkennen, denn die Flocken fielen immer dichter. Schon lange war er an keinem Schild mehr vorbeigekommen.

Schließlich konnte er nicht einmal mehr denken. Es war wie zu jener Zeit, als er nach Süden ging. Seine Beine gingen mit ihm, ohne daß er selbst es wußte.

Plötzlich war dort, wo er den Fuß hinsetzen wollte, kein Boden mehr, als er den nächsten Schritt machte. David warf sich rücklings in den Schnee. Ein Abgrund! Er war auf dem Weg in den Abgrund gewesen! Bevor er so müde geworden war, daß nur die Beine ihn noch weitertrugen, hatte er gut gewußt, daß er aufpassen mußte. Ehe es angefangen hatte zu schneien, hatte er gesehen, wie leicht man vom Weg in die Tiefe stürzen konnte.

Er mußte denken. Er durfte keine Sekunde aufhören zu denken und aufzupassen. David kroch vorwärts. Er wagte nicht mehr zu gehen, sondern kroch auf allen vieren weiter und tastete immer mit den Händen vor, um sicher zu sein, daß er nicht am Abgrund stand.

Er wußte nicht, wie viele Stunden er sich so vorwärtsbewegte. Es hörte nicht auf zu schneien; der Sturm heulte, und die Kälte schnitt ihm ins Gesicht. Er war blind und taub; alles schmerzte, und er fühlte, daß er bald sterben müsse. Dies war das Schlimmste, was er je erlebt hatte; schlimmer als Lager; schlimmer als SIE. Er konnte nicht einmal Gott um Hilfe anrufen, denn in seinem Kopf waren keine Worte mehr; sie waren draußen im heulenden Sturm und der weißen, blindwütigen Hölle.

Also würde er doch sterben. David stützte den Kopf gegen etwas Hartes und fiel, und dann schneite es nicht mehr. Eine Stimme rief: »Was für ein elender Bengel treibt sich denn bei dem Wetter draußen herum!« Mühsam öffnete David die Augen, um zu sehen und zu erkennen, daß er zu einem von DENEN gekommen war.

Dann verließ ihn das Bewußtsein.

Dieser Winter war der längste, den David je erlebt hatte. Der Bauer war ein böser Mann. David war dem Sturm und dem Schnee entkommen, um der Gefangene eines bösen Mannes zu werden. Es war eine Stalltür gewesen, an die er den Kopf gelehnt hatte; und der Stall wurde seine Unterkunft für den Winter. Es war keine gute Unterkunft. Den ganzen Tag lang mußte er sich abrackern und schwerer arbeiten, als er konnte. Der Bauer war DENEN sehr ähnlich. Er drohte ihm und sagte, er werde David der Polizei ausliefern, wenn er nicht gehorche.

David hatte inzwischen gelernt, wie die Menschen in einer Familie miteinander sprachen – mit Lächeln und Güte. So aber ging es bei dem Bauern nicht zu. Er war kalt und brutal, sogar gegen seine Frau und seine beiden Kinder. Aber sie taten David nicht einmal besonders leid. Die Frau war hager und wortkarg und sagte nie ein sanftes Wort. Und die Kinder – nun ja, David hätte es nie für möglich gehalten, daß ein Kind bereits so schlecht sein könnte. Der Kleinere glich dem Bauern. Er hatte widerspenstiges, strohblondes Haar und wasserblaue Augen, und wenn er spielte, bedeutete das immer, daß er etwas zerstörte oder daß er gewalttätig war. Er war grausam gegen die Tiere, wenn er heimlich zu ihnen gehen konnte. Er wußte, daß er Prügel bekam, wenn es herauskam – nicht etwa deshalb, weil dem Bauern Gewalttätigkeit zuwider war. Nein, die Tiere besaßen Geldwert und durften daher nicht mißhandelt werden. Trotzdem konnte es der Junge nicht bleibenlassen. Sein größtes Vergnügen bestand darin, einem Lebewesen wehzutun.

Johannes hatte einmal gesagt, nur die dummen Menschen glaubten, nicht ohne Bosheit im Leben zurechtkommen zu können; denn es sei leichter, die Hände zum Schlagen zu verwenden, als sein Gehirn dazu zu gebrauchen, ein Problem logisch und gerecht zu lösen.

David mußte sich jedesmal übergeben, wenn er die Untaten des Buben beobachtete. Das große Mädchen war nicht viel besser; sie tat den Tieren zwar nie etwas Böses an – aber auch nie etwas Gutes. Wenn David daran dachte, daß sie etwa im gleichen Alter war wie Maria, dann kam es ihm merkwürdig vor, daß alle beide Mädchen waren. Maria glich einer Blume, wenn sie sich bewegte. Maria hatte soviel Lächeln und Liebe in ihrem Inneren, daß es auf die anderen überströmte – auf Erwachsene und Kinder und Tiere, ja selbst auf einen Jungen, der auf der Flucht war.

Aber das Mädchen hier tat nie etwas, was andere hätte erfreuen können – nicht einmal für ihre Mutter!

Alle waren gemein gegen David. Sie warfen ihm das Essen hin und hatten nur Schimpfworte für ihn. Aber sie faßten ihn nicht an. Sie hatten ihn im Stall liegen lassen, bis seine Ohnmacht überwunden war, und dann ließen sie ihn arbeiten. In den ersten Tagen wollte ihn der Bauer einmal schlagen, doch seine Frau hatte gesagt, er solle es bleibenlassen. Sie hatte gesagt: »Er soll arbeiten; da mische ich mich nicht ein. Und der Stall ist auch gut genug für ihn. Der Bengel ist wahrscheinlich viel zu klug, um Dummheiten zu machen. Aber wenn du ihn anrührst, wird er auch gegen uns Gewalt gebrauchen, das sehe ich ihm an. Und die Kinder sollen sich von ihm fernhalten! Wir haben eine kostenlose Arbeitskraft für den Winter, und das muß genügen. Im Frühjahr werden wir ihn dann dem Landjäger übergeben.«

David fand sie alle miteinander dumm. Böse und noch dazu dumm. Wenn sie ihn angerührt hätten, wäre er gezwungen gewesen, wieder in den Schnee hinauszugehen und zu erfrieren; aber er hätte niemals Gewalt wider sie gebraucht. Er haßte sie, und er hätte sich lieber totschlagen lassen, anstatt so zu werden wie sie.

So betrachtet konnte er also guter Dinge sein. Ja, dies war das richtige Wort dafür. Sie glaubten, dafür zu sorgen, daß er es so schlecht wie nur irgend möglich hatte – abgesehen davon, daß sie ihn nicht schlugen. In Wirklichkeit aber hatte er nur Vorteile durch sie!

Er wußte jetzt, daß er den Winter auf den Landstraßen niemals überlebt hätte. Er wäre verhungert und erfroren. Hier hatte er Schutz vor dem Winter und bekam täglich zu essen.

Der Stall war kalt, und manchmal fegte der Schnee durch die Ritzen; doch schließlich hatte er sich draußen so hoch angesammelt, daß er bis zum Dach reichte. Er bildete eine feste Mauer, und dadurch wurde es drinnen sogar wärmer. Auch die Tiere gaben etwas Wärme ab.

Obwohl er nicht viel zu essen bekam und meistens nur trokkenes Brot oder kalte Reste, erhielt er doch mehr Nahrung als im Lager, und es schmeckte auch nicht schlechter – manchmal sogar etwas besser.

Sie glaubten, ihm etwas Böses damit anzutun, daß sie ihn draußen im finstern Stall schlafen ließen; dabei war die Nacht seine beste Zeit!

David fürchtete sich nicht im Dunkeln. Alle Dinge standen geborgen in der Dunkelheit, um zu schlafen. Das war ganz natürlich. Die Dunkelheit veränderte nichts; daher fürchtete sich David auch nicht vor ihr. Es waren die Menschen, vor denen er sich fürchtete.

In der Nacht gehörte der Stall ihm. Im Lager hatte er nie einen Raum für sich allein gehabt. Doch es war etwas Gutes, allein zu sein und in Ruhe denken zu können.

Und dann kam der Hund.

David hatte Hunde immer nur als Feinde gekannt – als Werkzeug von DENEN. Im Lager hatten SIE immer ihre Freude daran gehabt, wenn die Hunde einen Gefangenen bissen. Später, nachdem er geflohen war, in Italien, wo er frei war, hatte er gesehen, daß auch gute Menschen sich Hunde hielten; aber er hatte immer einen großen Bogen um sie gemacht, denn er konnte ja nicht wissen, ob sie nicht vielleicht spürten, woher er kam – und dann hätten sie ihn womöglich gebissen.

Hier im Stall aber konnte er dem Hund nicht ausweichen. Er kam eines Nachts, als der Schneesturm draußen heulte. David lag ganz still und ließ es geschehen, daß der Hund ihn beschnupperte. Der Bauer und seine Familie sprachen nach Davids Meinung ein ganz verdrehtes Deutsch, und dies war wohl der Grund dafür, daß er zu dem Hund italienisch sprach.

»Ich habe Angst vor dir«, flüsterte er, so leise und ruhig er konnte. »Du wirst sicher merken, daß ich aus dem Lager komme, und dann wirst du mich beißen. Ich kann dich nicht daran hindern.« Der Hund schnüffelte immer weiter an ihm herum. David erkannte ihn als großen schwarzen Fleck im Dunkeln. Dann legte sich der Hund ganz dicht neben ihn und drehte sich so lange herum, bis sie Rücken an Rücken lagen. Schließlich gähnte er sehr laut. David konnte es hören, und ein warmer, feuchter Hauch stieg ihm in die Nase. Dann seufzte er tief – und dann schlief er ein.

Der Hund biß ihn nicht. David fror des Nachts nicht mehr so sehr, denn der Hund war groß und wärmte ihn gut. Er hieß King.

Die Kinder des Bauern knurrte er immer an. David wußte, daß er auch den Bauern nicht mochte, obwohl der ihn selten schlug. Er war nämlich ein guter Schäferhund. Im Sommer mußte er auf das weidende Vieh aufpassen.

Wenn er David sah, wedelte er mit dem Schwanz. Und nun schlief er jede Nacht bei ihm.

Allmählich gewann David den Hund lieb. Eines Abends, als David dalag und dachte, der Winter würde nie ein Ende nehmen, streckte er die Hand aus, als der Hund kam und sich neben ihn legte. Er merkte gar nicht, daß er es tat. Vielleicht hatte er sich bereits danach gesehnt, daß der Hund kommen und seine Wärme mit ihm teilen möge. Er berührte den Kopf und spürte die Rundung in seiner Hand. Es war ein gutes Gefühl – warm und fest. Der Hund rührte sich nicht. Langsam glitt Davids Hand über den dicken Pelz – nur ein einziges Mal. Dann zog er die Hand zurück und lag wieder unbeweglich.

Da hob der Hund den Kopf. David spürte eine feuchte, warme Zunge, die vorsichtig seine Hand leckte.

So wurden David und der Hund Freunde.

Allmählich aber wurde David ungeduldig. Wollte dieser Winter denn nie zu Ende gehen? Er wünschte so sehr, vorwärtszukommen, weiter, nach Dänemark. Er wollte versuchen, die Frau zu finden, die alles verändert hatte, durch die er nun nicht mehr einfach ein Junge auf der Flucht war, der immer anders war als die anderen. Er war David. David, der nun wußte, wohin er flüchtete.

Vielleicht konnte er, wenn er sie gefunden hatte, endlich ein richtiger Junge werden. Trotzdem wollte er immer David bleiben. Er gab sich Mühe, nicht zu glauben, sie würde sich freuen, daß er lebte. Denn das war ja nicht sicher! Wenn sie es bisher nicht gewußt hatte, würde sie sich vielleicht schwer an den Gedanken gewöhnen können, daß er David war. Er war doch so anders als die anderen, irgendwie verkehrt; und er wußte so entsetzlich wenig über die Dinge außerhalb des Lagers.

Aber sie mußte eine gute Frau sein – das hatte er ihr schon auf dem Bild angesehen; und klug. Sie würde ihm bestimmt alles erklären, was er tun müsse, bis er erwachsen sein würde. Wenn er erst richtig erwachsen war, würde es auch niemand mehr verdächtig finden, daß er allein war. Vielleicht konnte er einen Platz finden, wo er bei guten Menschen arbeiten durfte.

Aber ach, es war so schwer, auf seine Gedanken aufzupassen! Es kam sogar manchmal vor, daß er etwas ganz Wundervolles und Beglückendes dachte; er dachte sich aus, sie würde sich freuen, wenn sie entdeckte, daß er David war, und sie würde ihn so liebhaben, wie die Mutter und der Vater die Kinder im Hause liebgehabt hatten. Dann brauchte er nicht mehr zu wandern; dann würde er ein Zuhause haben und nach allem fragen und alles lernen dürfen – und sie würde »mein Sohn« zu ihm sagen –, und er brauchte sich nie mehr zu fürchten. Wenn ihm solche Gedanken kamen, dachte er auch daran, daß sie vielleicht schöne Dinge besaß und Musik kannte – und daß sie die Schönheit zu sehen vermochte. Er dachte daran, was er ihr alles erzählen wollte; nicht seine bösen Erlebnisse, das wollte er nicht; aber von all dem, was er auf der Flucht gelernt und gesehen hatte. Und von Maria. Und – ja, alles, woran er dachte. Wie bei Signora Bang, aber nur viel, viel leichter, denn zu ihr gehörte er ja!

Ach, wenn nun wirklich alles so kommen sollte, wußte er ganz einfach nicht, womit er dem Gott der Weiden und Wasser würde danken können. Nichts schien ihm gut genug zu sein.

Aber wahrscheinlich würde es nie so weit kommen. Jedenfalls würde es nie so wunderbar werden. Doch gut würde es trotzdem sein. David wünschte, der Winter möge vergehen, denn er wollte weiterkommen.

Eines Morgens kroch wirklich die Sonne zu ihm hinein. Sie kam durch ein winziges Fenster hoch oben im Dach. Es war die ganze Zeit, die er bei dem Bauern verbracht hatte, zugefroren gewesen.

Davids Herz begann laut zu schlagen. Er blieb ganz still liegen. Er hatte das Gefühl, wenn er sich bewegte, würde das winzige, schwache Stückchen Sonnenschein vielleicht wieder fortgehen. Er hatte die Sonne so unendlich lange nicht mehr gesehen; er hatte sie schon fast vergessen gehabt. Aber sie reichte nicht bis zu ihm herunter. David stand auf und streckte langsam den Arm in die Höhe.

Er streckte sich, so hoch es ging, um den Sonnenstrahl vielleicht mit der Hand berühren zu können – den kleinen, bleichen Sonnenstrahl. Es war mit einemmal wichtiger als alles andere, bis zur Sonne hinaufreichen zu können. Aber soweit er sich auch streckte, die Sonne berührte nur seine Fingerspitzen.

David wollte versuchen, sich heute auf der anderen Seite des Hauses zu schaffen zu machen. Von dort konnte er ins Tal hinunterschauen. Aber der Bauer war die ganze Zeit in seiner Nähe, und er bekam nichts zu sehen.

Am Abend, als er sich niedergelegt hatte, jedoch noch nicht eingeschlafen war, hörte er, wie der Bauer den großen Riegel vor die Stalltür schob!

Da wußte David, daß es Frühling wurde. Er würde zuerst in das Tal einziehen. Deshalb hatte der Bauer dafür gesorgt, daß David nicht hinunterschauen konnte; er sollte nicht merken, daß unten der Frühling einzog und bald auch heraufkommen würde. David arbeitete jeden Tag schwer. Der Bauer wollte ihn so lange wie möglich gefangenhalten. Wenn aber die Zeit gekommen war, daß er den Frühling nicht mehr verheimlichen konnte und der Schnee ihm nicht mehr dabei half, David festzuhalten, würde er die Polizei holen. Dann würde alles vorbei sein; dann würden SIE kommen und ihn ins Lager zurückführen.

David starrte hinaus in die Dunkelheit. Niemals würde er entkommen – nie! Der Riegel war so dick wie ein Baumstamm. Es würde unendlich viele Nächte dauern, ihn mit dem Messer durchzuschneiden; auch würde der Bauer gleich sehen, daß er daran herumgefeilt hatte; er hätte es bereits am ersten Morgen entdeckt.

»Gott der grünenden Weiden und der Wasser der Ruhe«, sprach David, »warum läßt Du das zu? Was habe ich falsch gemacht? Ich habe Maria aus dem Feuer geholt und sie gerettet, um Dir zu danken. Und in diesem ganzen langen Winter habe ich Dich nicht ein einziges Mal um etwas gebeten, obwohl ich oft der Meinung war, Du habest mich zu bösen Menschen gebracht. Aber ich habe mich nicht beklagt, und ich habe Dich auch nicht darum gebeten, es besser für mich einzurichten, obwohl ich zweimal Hilfe guthabe, seit ich Maria aus dem Feuer holte. Du mußt doch wissen, daß der Bauer und seine Familie hier böse Menschen sind und daß ich sie hasse. Ich habe wirklich geglaubt, Du hättest es gefügt, daß Signora Bang mich malen wollte, damit ich das Bild der Frau finde, die meine Mutter ist. Ich habe Dich gewählt und kann nun nichts mehr daran ändern. Aber Du sollst wissen, daß ich Dich für unbarmherzig halte, genauso unbarmherzig wie den Bauern und Carlo und alle, die zu DENEN gehören. Ich begreife, daß Du mir nie mehr helfen wirst, obwohl ich Hilfe guthabe, denn Du bist meiner müde geworden. Es tut mir leid, daß ich keinen besseren Gott gewählt habe. Ich bin David. Amen.«

Jetzt fühlte sich David etwas besser; er war froh, daß es ausgesprochen war. Doch dann beschlich ihn Angst. Was war, wenn Gott schrecklich zornig darüber wurde, daß er ihn getadelt hatte! Was war, wenn er Geiseln gebrauchte wie DIE – dann hätte ja Maria etwas Böses zustoßen können! David selbst konnte er nicht allzuviel anhaben; er konnte ihn höchstens sterben lassen. O doch, es gab etwas Schlimmeres, er konnte ihn zurück ins Lager bringen und ihn dort leben lassen. Aber das Ärgste wäre, wenn er Maria etwas zustoßen ließe.

Stimmte es etwa nicht, daß er unbarmherzig war? Den ganzen Winter hindurch hatte David geduldig gewartet und sich in sein Schicksal gefügt, ohne zu klagen. Und nun ließ Gott es zu, daß der Bauer den Riegel vorschob, weil David nur in der Nacht hätte fliehen können.

Zwei kostbare Nächte brauchte David, um sich darüber klarzuwerden, bei wem die Schuld lag.

Eigentlich hätte er es gleich wissen müssen, denn Johannes hatte ihm einmal den Weg gezeigt. Sie hatten gehört, wie einer der Wärter eine Nachlässigkeit auf einen anderen schob und dieser wiederum behauptete, ein dritter sei schuld gewesen. Da hatte Johannes zu David gesagt: ›Laß mich niemals hören, daß du sagst, jemand anders trage die Schuld. Ein Mensch darf nie seine eigene Verantwortung von sich schieben. Es gibt immer etwas, woran auch du Schuld trägst; diese Schuld mußt du finden und kennenlernen, und du mußt die Folgen tragen. Denn darin offenbart sich die Menschenwürde, und es ist auch der einfachere Weg. Die anderen kannst du nicht ändern – aber du kannst deine eigenen Fehler bessern.‹

Trotzdem hatte er Gott Fehler vorgeworfen! Er hatte gesagt, Gott sei so unbarmherzig wie Carlo und der Bauer und alle bösen Menschen. Aber in Wirklichkeit wollte Gott ihm, David, vielleicht nur zeigen, daß er selbst einen Fehler hatte! Er war selbst unbarmherzig gewesen. Nicht nur er hatte geduldig gewartet, ohne sich zu beklagen. Auch Carlo hatte das getan – und trotzdem war David unbarmherzig geblieben. Carlo hatte um Verzeihung gebeten – mehrere Male sogar –, doch David hatte ihm nie verzeihen wollen, weil er ihn für böse hielt. Was aber, wenn Carlo gar nicht wirklich böse war? Vielleicht war er nur dumm? Er hatte sich doch nie dafür gerächt, daß David nichts von ihm wissen wollte, solange er im Hause wohnte. Vielmehr hatte die Mutter der Kinder zum Vater gesagt, Carlo bemühe sich so sehr, mit David gut Freund zu werden, und er sei sehr betrübt, weil David nicht wolle.

Carlo hatte es ihm wirklich nie vergolten! Es war eine furchtbare Erkenntnis. Vielleicht hatte er es bis heute nicht vergessen! Dann war David schuld, daß er traurig war.

Er mußte fort von hier. Es mußte eine Möglichkeit geben. Er mußte eine Gelegenheit finden. Er wußte genau, wo das Haus lag. Durch die Tür konnte er nicht hinaus. Und das Fenster war viel zu klein.

Wenn jedoch der Frühling nicht allzu rasch hier herauf kam, konnte ihm der Schnee von Nutzen sein! Er konnte an dem Ende des Stalles, das am weitesten vom Haus entfernt war, ein Loch in die Wand schneiden. Da würde ihn niemand hören. Dann wollte er ein Loch durch den Schnee graben, der bis an das Dach hinaufreichte. Auf diesem Weg konnte er hinausgelangen!

In der nächsten Zeit war David tagsüber immer so müde, daß er alles falsch machte; er mußte doch nachts wach bleiben, da er seinen Plan schnell ausführen mußte. Zum Glück war der Stall aus Brettern gebaut. Sein Messer wurde immer stumpfer, doch hatte er schließlich ein großes Viereck ausgeschnitten, das groß genug war, um hindurchzukriechen.

Jeden Morgen fügte er das lose Stück wieder ein und stellte einen Eimer davor, damit der Bauer das Loch nicht entdecken konnte. Dann begann er den Schnee wegzugraben. Dazu verwendete er den Eimer. Den ausgegrabenen Schnee schüttete er den Tieren in ihren Trog. David war froh darüber, daß der Bauer so dumm war; sonst hätte er sich doch sicher darüber gewundert, daß die Tiere nie Durst hatten! Trotzdem war es viel mühsamer, als David geglaubt hatte; ein paar Stunden mußte er nachts schließlich auch schlafen. Auch fürchtete er, der Frühling könne zu schnell kommen. Dann würde der Schnee schmelzen und vielleicht auf ihn herabstürzen, wenn er im Tunnel arbeitete. Außerdem hatte er Angst, der Bauer könne am Ende stutzig werden und sich fragen, weshalb David tagsüber so müde sei. Bisher hatte er ihn immer nur ausgeschimpft.

Er schlug ihn wirklich nie! Eines Tages hätte er es fast getan, hörte aber sofort auf, als sich der Hund vor David stellte und knurrte. David wunderte sich; dann begriff er, daß der Hund ihn vor dem Bauern beschützen wollte. Da ging er in den Stall und weinte. Er wußte nicht einmal weshalb; es war doch nichts Schlimmes gewesen; aber irgendwie war allein der Gedanke viel zu groß – der Gedanke, daß jemand ihn beschützen wollte, obwohl er selbst ihm noch nie etwas Gutes getan hatte.

Am selben Abend hörte David, wie der Bauer zu seiner Frau sagte, er wolle den Bengel jetzt abliefern, weil er Macht über den Hund bekommen habe.

Solch ein Unfug, dachte David wütend. Noch nie hatte er Macht über jemanden besessen oder sich Macht gewünscht; und sollte er je Macht erlangen, ohne etwas dafür zu können, so würde er sie nie gebrauchen. Macht – Gewalt – Zwang waren die Ziele von DENEN.

Noch heute nacht mußte er also fort.

Der Tunnel war zweimal so lang wie er selbst. Er wußte nicht, ob dies genug war – aber es mußte reichen. Er hatte doch keine Zeit mehr! Als es dunkel geworden war und der Bauer mit seiner Familie beim Essen saß, schlich sich David hinaus und steckte hinter dem Stall einen langen Besenstiel durch den Schnee – an der Stelle, wo er seinen Tunnel vermutete. Die Hälfte ragte heraus!

Das bedeutete, daß er heute nacht durchbrechen konnte. Das bedeutete aber auch, daß der Bauer die Stange nicht entdecken durfte, sonst würde er bestimmt erraten, was David im Schilde führte –

David wartete klopfenden Herzens auf die Schritte des Bauern, der kommen mußte, um den Riegel vorzuschieben. Würde er jetzt, da es nicht mehr schneite, noch draußen herumgehen?

Aber der Bauer ging gleich wieder ins Haus. Es war noch immer sehr kalt.

David kämpfte gegen seine Übelkeit, immer wurde ihm schlecht, wenn er große Angst ausstand.

Der Hund war an diesem Abend sehr unruhig. Während David am Tunnel arbeitete, hatte der Hund in der ersten Zeit dagelegen und ihm zugeschaut. Seine Augen hatten im Dunkeln gefunkelt. Später schien er ihm beim Graben helfen zu wollen. Er lief hin und her und scharrte im Schnee, wenn David den Eimer ansetzte. Schließlich gelang es ihm, David mit den Vorderpfoten so zu unterstützen, daß er den Eimer leichter füllen konnte. An diesem Abend winselte er manchmal ganz leise und folgte David mit den Augen, als er sein Bündel sorgfältig zusammenpackte. Zum Glück war nichts darin gewesen, was der Bauer hätte brauchen können! Er hatte es durchstöbert und es David wieder hingeworfen, nachdem er gesehen hatte, was es enthielt.

David machte sich so gut zurecht wie nur irgend möglich. Dann löste er vorsichtig Marias Kreuz, das er unter dem Gürtel festgebunden hatte, um es nicht zu verlieren. Er legte sich die Kette um den Hals und sagte ganz leise zu dem Hund: »Ich muß jetzt gehen. Ich danke dir, daß du mich nachts immer so gut gewärmt hast, King. Und am allermeisten danke ich dir dafür, daß du versucht hast, mich gegen SIE zu beschützen.

Ich hatte bis dahin noch nicht erfahren, wie es ist, von jemandem beschützt zu werden. Lebe wohl.«

Er umarmte den dicken, warmen Hals des Hundes und legte seinen Kopf daran, und King leckte ihm ungestüm das Kinn.

Dann kroch David in den Tunnel hinein und auf das Loch zu, das er mit dem Besenstiel gemacht hatte. Der Hund kam ihm nach, aber David flüsterte: »Nein, King, du mußt hierbleiben, denn hier bekommst du jeden Tag Futter. Lebe wohl.«

Draußen war es sehr kalt. David hatte oft zugehört, wenn der Bauer mit seiner Frau sprach; dadurch hatte er erfahren, wie er die Straße finden konnte, die durchs Gebirge führte. Er hoffte, daß es weiter unten weniger kalt sein würde, denn dort hielt der Frühling bereits seinen Einzug. Es war jetzt April.

David ging, so schnell er es wagen konnte. Die Nacht war ganz still und sternklar. Er konnte gut sehen, wo er ging. Er brauchte wohl eine Stunde dazu, den Weg hinunter zur Straße halb kletternd, halb gehend zurückzulegen. Endlich konnte er sie sehen.

Die Leute hatten bereits begonnen, die Straße freizuschaufeln; es würde wohl noch eine Weile dauern, bis dort Autos fahren konnten. Aber man sah bereits, wo sie verlief, und das Vorwärtskommen war nicht allzu anstrengend. Bald würde es sogar noch leichter gehen. David wußte, daß er sich in großer Höhe befand. Er war in der Nähe eines Passes, der Sankt Gotthard hieß. Weiter unten würde der Frühling deutlicher zu spüren sein.

Er blickte auf den weißen Berg zurück. Nun hatte der Winter also doch ein Ende gefunden. Die Freiheit gehörte wieder ihm. Es war gut, daß er begriffen hatte, was der Riegel bedeuten sollte. Seither war alles glatt gegangen. O doch, er hatte wirklich eine gute Wahl getroffen, als er den Gott der grünenden Weiden und der stillen Wasser erkor! Er war mächtig und stark. Es war wohl richtig, wenn er abwartete, bis man alles gut überlegt hatte und ihm für seine Hilfe eine Gegenleistung erbrachte. Die Hauptsache war, daß man sich darum bemühte und wirklich etwas unternahm.

David wußte nicht, wie lange er den dunklen Punkt weiter oben schon gesehen hatte. Er bewegte sich. Also war er doch nicht frei! David begann aus Leibeskräften zu laufen. Der Mond schien jetzt. Er wollte versuchen, die Stelle zu erreichen, wo der Weg hinter einem Felsenvorsprung verschwand. Vielleicht war es ihm möglich, sich dort in den Schnee einzugraben, ehe der Bauer kam.

David hätte hinterher nicht sagen können, wie er das alles fertiggebracht hatte. Es wurde ihm schwarz vor den Augen, als er im Schnee lag.

Etwas Warmes, Feuchtes auf seinem Gesicht weckte ihn.

Das konnte doch nicht der Bauer sein! Es war der Hund, der mit ihm ziehen wollte!

Er trottete neben ihm her, und manchmal lief er ein Stück voraus; aber stets kehrte er zurück und zottelte wieder neben ihm her, und jedesmal wenn David mit ihm sprach, wedelte er mit dem Schwanz.

Tief sog David die Luft ein. Die Kälte konnte ihm nichts mehr anhaben. Er war David. Er war frei und stark. Er war auf der Flucht, aber er wußte, wohin er ging. Es konnten sich ihm noch viele Schwierigkeiten in den Weg stellen, ehe er sein Ziel erreichte. Aber Schwierigkeiten waren da, um überwunden zu werden. Er hatte noch immer ein Guthaben bei Gott; und Gott würde ihm helfen. Auch hatte er den Hund, der ihn aus eigenem, freiem Willen begleitete. Der lange Winter war vorüber. Er schritt dem Frühling entgegen.

8

Der Frühling war wunderschön. Aber die Nächte waren immer noch kalt. In der ersten Nacht fand David einen Stall und legte sich dicht zu dem Hund. Und am nächsten Tag sah er den richtigen Frühling. Er hatte Schwierigkeiten mit seinem Geld; er besaß immer noch Geld aus Italien, denn er hatte in Mailand einiges verdient und es vor Einbruch des Winters nicht verbraucht. Und dann war er ja bei dem Bauern gewesen. Als er es nun ausgeben wollte, sagten die Geschäftsleute, das Geld gelte in der Schweiz nicht, er solle damit auf die Bank gehen. Zuerst hatte er sich davor gefürchtet; es war doch anzunehmen, daß der Bauer die Polizei veranlaßt hatte, ihn zu suchen. Dann hatte er es aber doch gewagt, denn er brauchte Brot. King war es nicht gewohnt, Hunger zu leiden.

Jetzt hatte er Geld bekommen, das in der Schweiz galt. Darüber war er sehr froh, denn es schien nicht leicht zu sein, bei den Schweizern Geld zu verdienen.

Aber ihr Land war schön. Auf den Gipfeln der hohen, steilen Berge beschien die Sonne den weißen Schnee, so daß er rosig leuchtete. In den Tälern war das Gras saftig grün, und vor den Häusern standen Bäume, die weiß und rosa blühten. Als David die Blüten zum ersten Male sah, spürte er, daß er lächeln mußte.

Dieser zarte weiße Blütenflaum ließ ihn immer wieder an Maria denken. Ein mit Blüten übersäter Baum schien ihm wohl das Allerschönste zu sein; daher war das Lächeln ganz von selbst entstanden. O ja, es war gut zu leben.

Nachdem er gültiges Geld bekommen hatte, kaufte er Briefmarken und einen Umschlag. Er schrieb den Brief nicht besonders schön, denn er saß dabei im Gras und hatte den Notizblock auf dem Schoß. Aber er mußte endlich schreiben, sonst würde er keine Ruhe finden. Am Ende würde Gott noch glauben, er habe vergessen, was er durch den Riegel gelernt hatte!

Dies ist für Carlo.
Carlo, Du sollst wissen, daß ich nicht mehr ganz sicher weiß, ob Du böse bist. Vielleicht bist Du nur dumm. Deshalb will ich Dich von nun an nicht mehr hassen, denn ich hasse nur diejenigen, die böse sind. Bitte, sage Deinen Eltern Dank dafür, daß sie eine Nachricht für mich in der Zeitung drukken ließen. Ich habe sie gelesen. Sage ihnen bitte auch, daß ich Dir einen Brief geschrieben habe, und erzähle es auch

Andrea und den beiden Kleinen. Aber zuallererst sage es bitte Maria. Sage ihr bitte auch, daß ich einen Baum gesehen habe, der voller Blüten war. Da mußte ich an sie denken.

David

Auf den Briefumschlag schrieb er »Carlo« und dann den ganzen Namen des Vaters der Kinder, dann den Ort, in dessen Nähe das Haus stand, und schließlich »Italien«. So würde Carlo den Brief bestimmt bekommen. Es dauerte ein Weilchen, bis er herausgefunden hatte, wie in der Schweiz ein Briefkasten aussieht; aber schließlich fand er einen.

Alles gelang ihm gut. Einen ganzen Tag hindurch ging David an einem See entlang, der grüner war als der grünste Baum. Er lag zwischen hohen Bergen. David hatte gar keine Lust, im Auto zu fahren, so schön war es, diese Landschaft zu durchwandern. Vielleicht kam es auch daher, daß er sich mit den Schweizern nicht richtig verständigen konnte, und alle Autos, in denen Touristen saßen, fuhren in der entgegengesetzten Richtung.

Die Bahnhöfe hatten noch einen Vorteil für ihn: Manchmal hing dort eine Landkarte. Dadurch wußte er ziemlich genau, welchen Weg er einschlagen mußte. Er mußte nach Norden, geradewegs nach Norden.

In Luzern verdiente er auf dem Bahnhof Geld. Er hatte größere Ausgaben, seit der Hund bei ihm war, denn der fraß sehr viel. David hoffte, daß nun auch bald Touristen nach Norden reisen würden. Dann kam er in eine Stadt, die Basel hieß. Das war zwar ein kleiner Umweg; aber er hatte in Luzern gesehen, daß Frankreich gleich neben Basel liegt – das Frankreich von Johannes! Er war von dort gekommen, aus dem Elsaß.

Um dorthin zu gelangen, hätte David einen riesigen Fluß überqueren müssen; gleich daneben verlief die Grenze – die Grenze mit Schlagbäumen und Soldaten, die kontrollierten, ob man hinüberdürfe. Darum ging David nicht ins Elsaß.

Er ging aus der Stadt Basel hinaus in Richtung Deutschland. Die großen, hohen Berge mit den verschneiten Gipfeln waren verschwunden; die Berge waren nun wieder grün und viel niedriger. Aber auch hier war die Gegend schön, und David mochte die Häuser. Sie sahen ganz anders aus als die Häuser in Italien; nicht ganz so malerisch, aber sehr sauber und ordentlich; und vor allen Fenstern blühten Blumen.

Am Grenzübergang warteten nur wenige Polizisten, und sie waren gerade damit beschäftigt, die Papiere eines Reisenden durchzusehen, der in einem großen Wagen fuhr. David entfernte sich ein Stückchen von dort, und als er nicht mehr gesehen werden konnte, lief er eine Böschung hinauf und erreichte die Straße auf der anderen Seite wieder. Er war in Deutschland.

Er war nur wenige Augenblicke auf der Straße gegangen als ein Auto neben ihm hielt. Es war der Wagen, der soeben die Grenzposten passiert hatte! David bekam einen Schreck. Er hatte sich den Mann nicht richtig angesehen. Vielleicht war er einer von DENEN. Weshalb wäre er sonst stehengeblieben?

King schien Davids Angst zu spüren; er stellte sich vor den Jungen und knurrte den Mann an. Doch David stieg ein.

In den nächsten Tagen fuhr David öfter mit einem Auto. King lernte es, ganz ruhig auf Davids Füßen zu liegen, so daß niemand sagen konnte, der Hund sei unruhig. Die Leute hatten erst immer ein wenig Angst vor ihm, denn er sah recht bissig aus, und außerdem war er sehr groß. Doch wenn sie hörten, daß er alles befolgte, was David ihm leise sagte, lachten sie und nannten ihn ein Schaf im Wolfspelz. David sprach immer sehr leise und höflich mit ihm. Die Leute schienen es nicht für möglich zu halten, daß man mit einem Hund so umgehen könnte. Aber das war David gleichgültig.

Es war ein gutes Gefühl, einen Hund zur Seite zu haben. Natürlich konnte er sich nicht mit ihm unterhalten; aber es war schon gut, daß er immer da war und ihn nachts wärmte und daß er bereit war, ihn zu beschützen. Wohl wußte David, daß der Hund kein sehr sicherer Schutz war, denn obwohl er beißen konnte, war er doch niemals einem Menschen überlegen. DENEN gegenüber war er jedenfalls immer der Schwächere, denn SIE hatten Gewehre. Aber es war ein gutes Gefühl, zu wissen, daß King ihn schützen wollte.

David sollte erfahren, daß er sich irrte.

Vielleicht kam es daher, daß er es so eilig hatte. In den Bahnhofshallen konnte er seinen Weg auf den Landkarten verfolgen, und er hatte viel Übung darin bekommen, auszurechnen, wie lange er für einen Weg brauchte, wenn er mit dem Auto fuhr und wenn er ging. Er wußte, daß es nun nicht mehr weit war bis Dänemark. Vielleicht kam es auch daher, daß er jetzt schon für Stunden seine Furcht vergessen konnte. Zwar konnte er sie nicht ganz und gar vergessen, denn sie saß zu tief in ihm drinnen; er hatte das Fürchten so gründlich gelernt, daß er es wohl nie verlernen würde. Aber es war jetzt nicht mehr so schlimm; er wußte, daß der MANN wirklich gewollt hatte, er möge Dänemark erreichen; es war keine Falle gewesen! Die Eltern der Kinder hatten ihn ebenfalls nicht verraten. Übrig blieb nur der Bauer, doch war David davon überzeugt, daß er viel zu einfältig war, um zu ahnen, daß er vor DENEN geflohen war.

Natürlich wurde nach ihm gefahndet. Die Macht des MANNES war nicht groß genug, um dies zu verhindern.

Aber es gab niemanden, der wissen konnte, wo sie ihn finden würden. Und nun war Dänemark nicht mehr weit – Dänemark und die Frau, die seine Mutter war.

Er war vielleicht eine halbe Stunde gegangen, als die Angst plötzlich über ihn kam und er wußte, daß er sie viel früher hätte spüren müssen. Es begann dunkel zu werden, und er war auf der Suche nach einem guten Nachtlager.

Plötzlich wußte er, daß etwas nicht stimmte. Er mußte zu weit nach Osten gegangen sein. Er hatte in der Dunkelheit die Richtung verfehlt. Die Häuser dort unten am Hang – und die Männer davor ... So leise, daß es kaum ein Flüsterton war, rief er nach King.

Er war wieder bei DENEN!

Wie leblos lag er hinter einem Busch. Wie gut, daß King immer tat, worum er ihn bat; er lag ganz ruhig an seiner

Seite. Davids Gedanken eilten davon. Wie hatte das geschehen können? Zweifellos war er zu DENEN zurückgekommen. David wußte nur allzugut, wie es dort aussah, wo DIE waren – und er wußte, wie DIE aussahen. Es mußte passiert sein, als er mit dem Hund auf der Wiese spielte. Sie spielten oft miteinander; der Hund nahm einen Stein oder ein Stück Holz ins Maul, und dann mußte David ihm nachlaufen. David hielt es zwar für überflüssig und hatte keinen Spaß daran, aber der Hund mochte es gern, und deshalb tat David es manchmal ihm zuliebe.

Aber schon als sie zur Straße zurückkehrten, hätte er wissen müssen, daß etwas nicht stimmte. Jetzt, da er überlegte, wußte er, daß die drei Leute, die er auf dem schmalen Weg getroffen hatte, sein Mißtrauen hätten wecken müssen. So sahen die Menschen dort aus, wo SIE waren; wie die Gefangenen im Lager. Müde, grau, ängstlich – betrübt, als hätten sie alles vergessen, was gut sein kann; oder gleichgültig, als dächten sie an gar nichts mehr.

Der Hund blickte ihn fragend an und begann leise zu winseln. David legte ihm die Hand auf die Schnauze; da hörte er auf, wandte aber die Augen nicht von ihm ab. Das Gebüsch war sehr schütter, die Blätter waren noch spärlich und klein und hellgrün. David hatte ganz vergessen, wie schön ihm der Frühling noch heute morgen vorgekommen war, wie schön all die kleinen, jungen, hellgrünen Blättchen; er fühlte nur noch, daß der Busch durchsichtig war – und daß man ihn liegen sehen konnte, ihn, David, einen Jungen, der vor DENEN floh.

Sicher hatten sie eine Liste, auf der die Namen all jener Menschen standen, die verdächtig waren und festgenommen werden sollten. Das hatten die Wachen bei DENEN immer. Und auf dieser Liste würde stehen: ›David; ein magerer Junge mit braunem Haar; geflohen aus dem Lager.‹ Und unter den besonderen Kennzeichen würde wahrscheinlich stehen: ›Man sieht seinen Augen an, daß er nicht so ist wie ein richtiger Junge.‹

Hätten die Männer nicht so laut miteinander gesprochen, dann hätten sie ihn längst gehört. Sie standen in unmittelbarer

Nähe. Von hier konnte er nie wieder entkommen. Selbst wenn er wartete bis es ganz dunkel geworden war, würden sie ihn hören, sobald er sich bewegte.

So also sah seine Flucht aus – eine Flucht, die dort endete, wo sie begonnen hatte – vor den Mündungen IHRER Gewehre.

David erinnerte sich – oh, man kann sich in der kürzesten Zeit an unendlich vieles erinnern! All das Böse fiel ihm ein, das er immer gekannt hatte. All das Gute fiel ihm ein, das er kennengelernt hatte, seit er frei war. Die Schönheit, das Lächeln, Musik – gute Menschen – Maria... und daß ein Baum voll rosiger Blüten sein konnte. Von einem Hund begleitet zu werden. Zu wissen, wohin er wollte.

All das würde nun zu Ende sein. David versuchte, sich darüber zu freuen, daß er das Gute und Schöne doch immerhin gesehen hatte, ehe die Kugel kam. Aber er konnte es nicht. Es war zu schwer. Er drückte sein Gesicht in das Fell des Hundes und weinte. Nur ganz leise –; aber der Hund wurde trotzdem unruhig und begann wieder zu winseln.

David hörte auf zu weinen.

Der Hund fing an, ihn zu stoßen. Er wollte wieder dorthin zurückgehen, woher sie gekommen waren, fort von hier, denn er spürte die Angst.

»Nein«, flüsterte David. »Wir können nicht zurück. Es ist zu spät. Sei still, King. Wenn sie mich getroffen haben, kannst du vielleicht allein gehen –«

Der Hund leckte ihm schnell über die Wangen; dann stieß er ihn ungeduldig wieder an und machte eine Bewegung, als ob er aufstehen wollte. Er stieß ihn noch einmal. Dann erhob er sich, bevor David ihn daran hindern konnte.

Im Bruchteil einer Sekunde begriff David, was der Hund wollte. Er lief nicht den Weg zurück, den sie gekommen waren. Er war ein Schäferhund – er hatte die Gefahr gefühlt. Er wollte etwas ganz anderes – er wollte an Davids Stelle treten! Laut aufheulend sprang er im Dunkeln auf die Männer zu.

Lauf! sagte eine Stimme in David. Lauf – lauf! Das hat er damit gemeint!

David zögerte einen Augenblick – und lief dann rascher,

als er je in seinem Leben gelaufen war. Während er rannte, hörte er die Männer rufen und ebenfalls laufen. Aber sie liefen in eine andere Richtung. Einer von ihnen schrie laut auf vor Schmerz – dann ertönte ein Schuß und ein lautes Aufheulen des Hundes.

David wußte, daß der Hund jetzt tot war.

Er lief immer weiter. Ein großes Stück hatte er sich schon entfernt – aber DIE hatten ihn noch nicht bemerkt. Trotzdem hörte er nicht auf zu laufen, obwohl er schon längst an der Stelle vorbei war, wo sie vor etwa einer Stunde die Straße verlassen hatten. David warf sich in einen Graben und rang in gequälten, schluchzenden Zügen nach Atem.

Nie würde er wieder aufhören können zu weinen – niemals. »Gott der Weiden und Wasser, der Du so stark bist, daß Du die Dinge aus den Gedanken der Menschen auslöschen kannst – Du hast den Hund laufen lassen, obwohl Du wußtest, daß SIE ihn erschießen würden. Das hättest du nicht tun dürfen!« schluchzte David immer und immer wieder. »Der Hund ist mir nachgefolgt – und ich habe ihm nie etwas Gutes tun können, denn ich bin ja nur David. Ich konnte ihm nicht einmal genug zu essen geben. Er mußte stehlen, um satt zu werden. Der Hund ist mir aus eigenem, freiem Willen gefolgt – und nun hat er sterben müssen, weil er das getan hat.«

Doch mit einemmal wußte David, daß er sich irrte. Der Hund war nicht gestorben, weil er ihm gefolgt war. Der Hund war ihm aus eigenem, freiem Willen gefolgt. Er hatte David gegen DIE beschützen wollen. Er war ein Schäferhund; er hatte gewußt, was er tat; er hatte David gezeigt, was er von ihm erwartete, und dann hatte er die Gefahr von ihm weggelockt und war ihr selbst begegnet, weil er es so wollte.

Selbst sein Bellen, als er davonsprang, hatte geklungen, als sagte er: ›Lauf! Lauf!‹ Und während er lief, hatte David gewußt, daß er nicht umkehren durfte, um ihn zu retten; sein Opfer durfte nicht umsonst sein. Er mußte es annehmen. Doch der Hund hatte sein Leben gegeben – und David hatte nie etwas für ihn tun können. War es denn überhaupt möglich – für nichts etwas zu bekommen?

David stand in der großen Stadt und sah sich um. Auf den Schildern konnte er zuweilen Worte lesen, die er kannte. Aber sonst war dies eine ganz fremde Sprache. Dänemark! sagte er bei sich. – Ich bin in Dänemark!

Er wußte kaum, wie dies zugegangen war. Seit dem Morgen, als er in dem Bewußtsein erwachte, daß der Hund seinetwegen gestorben war, hatte kaum eine Wahrnehmung seine Gedanken erreicht.

Er war die ganze Zeit mit Autos gefahren. Die Fahrer hatten ihm zu essen gegeben und machten sich Sorgen, weil er, wie sie sagten, krank aussähe. Es war besser zu fahren. Wenn er ging, meinte er immer, den Hund vor sich herlaufen zu sehen, obwohl er wußte, daß es nicht stimmen konnte.

Nun hatte er Dänemark erreicht. Wieder war er leicht über die Grenze gekommen. Er war mit einem großen Lastwagen gefahren, und der Fahrer hatte ihn versteckt. Er mußte ein sehr guter Mann sein. Er hatte gesagt, es sei verboten, aber er habe selbst Jungen zu Hause, und er könne es nicht übers Herz bringen, David den Zollbeamten auszuliefern, da er doch so schlecht aussehe. Er hatte zwar gesagt, sie würden freundlich zu ihm sein, aber es würde eine Menge Schreibereien geben, und David wolle doch nur so schnell wie möglich zu der Familie kommen, von der er erzählt hatte; und es sei ja auch nötig, daß er recht bald in ein gutes, warmes Bett komme.

In einer Stadt, die Kolding hieß, hatte der Mann einen anderen Fernfahrer ausfindig gemacht und ihn gebeten, David mit nach Kopenhagen zu nehmen. Manchmal konnte David nun sogar schon etwas von der fremden Sprache verstehen. Die beiden Männer hatten gemeint, ob Paß oder nicht – so ein Knirps könne doch nichts Ernstes auf dem Gewissen haben, und ein Blinder könne sehen, daß er nicht mehr lange durchhalte.

David hatte die Landschaft betrachtet, die draußen an ihm vorbeizog. Es gab keine Berge, keine Flüsse, und alles sah sehr klein aus. Aber alles war hell. Die Häuser waren hell und die Menschen und die Wälder. David hatte nie geglaubt, daß ein Wald so licht sein könne. Er wußte, daß es auch in Dänemark

Schönheit gab, obwohl es eine ganz andere Art von Schönheit war als die, die er in den südlichen Ländern gefunden hatte. Aber er war die ganze Zeit viel zu müde, um sich alles richtig anzusehen.

Einmal fuhr er mit dem Auto auf einem Schiff. Er brauchte sich diesmal nicht zu verstecken, denn der Fahrer kaufte eine Fahrkarte für ihn. Als sie in die große Stadt kamen, die Kopenhagen heißt, versuchte David noch einmal, sich zusammenzunehmen. Der Fahrer hatte gesagt, er wolle ihn abliefern. David brauche ihm nur die richtige Adresse zu nennen. Das aber war ihm gar nicht möglich.

Er hatte gesagt, der Zettel liege hinten im Auto in seinem Bündel. Das entsprach aber nicht der Wahrheit. Wenn der Mann nun sah, daß David gar keine Adresse hatte, würde er mißtrauisch werden. David wußte zwar, daß wahrscheinlich nichts Schlimmes geschehen würde, denn dieses Land war ja frei; aber genau wußte er es nicht. Vielleicht waren sie verpflichtet, fremde Jungen abzuliefern, die keine Dänen waren. Dies war das einzige, was in diesen vielen Tagen, seit der Hund tot war, in Davids Bewußtsein eingedrungen war.

Er mußte die Frau finden. Der Hund durfte nicht vergeblich um seinetwillen in den Tod gegangen sein. Das wäre zu arg. Das wäre wie ein Hohn gegen den Hund, der ihn beschützt und für nichts alles gegeben hatte. Das durfte nicht sein.

David hatte gesehen, wie der Fahrer telefonierte – in einem kleinen Glashaus, in dem Bücher lagen; und in diesen Büchern standen Nummern, die man anrufen konnte; und es stand auch darin, wo die Leute wohnten. Nun brauchte er sich nur davonzumachen, wenn der Fahrer nicht herschaute. Ein solches Telefonhäuschen würde er sicher finden.

Auf einem großen Platz blieben sie stehen. Der Fahrer sagte etwas zu ihm, und David tat, als hätte er ihn nicht verstanden. Der Mann wollte Würstchen kaufen und sie David geben. Als er den Wagen verlassen hatte, stieg David heimlich auf der anderen Seite aus. Ringsherum waren so viele Menschen, daß er sich schnell zwischen ihnen verstecken konnte.

Das war zwar undankbar gegenüber dem Mann, der so gut

zu ihm gewesen war; aber was sollte er tun? So sicher, als hätte es ihm jemand gesagt, wußte David, daß seine Kräfte nur noch für ganz kurze Zeit reichten. Und bevor sie zu Ende waren, mußte er versuchen, die Frau zu finden.

Er rannte durch viele Straßen und um viele Ecken, bis er sich schließlich wieder sicher fühlte. Es war nicht besonders schwierig, eine Telefonzelle zu finden. Auch die Bücher lagen da, so wie es sein sollte.

Es gab sechs Leute, die Hjorth Fengel hießen, aber es stand nur einmal ein E. davor. Und die Adresse war Strandvejen 758.

Das sah nach einer sehr langen Straße aus. David wollte jemand fragen. Hier in Dänemark gab es viele Leute, die verstanden, wenn man englisch sprach. Und ehe er sich noch entschlossen hatte, wen er fragen wollte, sprach ihn eine Frau an. Sie wollte wissen, ob sie ihm irgendwie behilflich sein könne. David antworte höflich auf englisch, und sie konnte ihn verstehen.

Sie sagte, es sei sehr weit bis zu dieser Adresse, obwohl er nicht einmal die richtige Hausnummer genannt hatte, sondern nur Nummer 700. Aber dann schaute sie auf ihn herunter und sagte: »Eigentlich muß ich selbst in diese Richtung. Du kannst ein ganzes Stück mit mir fahren.«

Sie fragte ihn, aus welchem Land er komme, und David sagte, er sei Franzose. Er konnte ja nicht gut sagen, daß er eigentlich von nirgends komme. Sie schien zu begreifen, daß er müde war, denn sie sprach fast nichts mehr, und David schaute nur noch zum Fenster hinaus. Sie kamen bald ans Meer. David fand es fast so blau wie das Meer unter der Klippe. Das war nun schon so lange her. Es tat beinahe weh, so weit zurückzudenken.

David blieb lange vor dem Haus mit der Nummer 758 stehen. Alles sah sauber und frisch aus. Überall standen Bäume mit weißen und violetten und gelben Blüten. Die Sonne schien, und das Grün leuchtete, und auch hier in Dänemark war das Meer blau. Ja, Dänemark war auch schön. Vielleicht waren alle jene Länder schön, wo es DIE nicht gab.

Bis zur Tür konnten es höchstens noch hundert Schritte sein. Trotzdem glaubte David, er würde es nie bis dorthin schaffen. Seine Beine wollten ihn nicht mehr tragen – nichts an ihm war mehr imstande, etwas zu tun. Lange Zeit hatte er geglaubt, daß es ihm möglich sein würde, wieder fortzugehen, falls die Frau dort drinnen es verlangen sollte. Nun aber wußte er, daß er es nicht vermochte. Wenn all das viele Glück, das er sich im Stall des Bauern ausgedacht hatte, Wirklichkeit werden würde, dann konnte er leben. Sonst gab es für ihn keine Rettung mehr.

Französisch war die Sprache, die er am schönsten sprechen konnte. David nahm sein Bündel, ging zur Tür und drückte auf die Klingel. Als ihm eine Frau öffnete, wußte er, daß es die Frau auf dem Bild war, dieselbe Frau, deren Augen so viel gesehen hatten und die trotzdem lächelte.

Da sagte David auf französisch: »Madame – ich bin David. Ich bin –«

Mehr brauchte er nicht zu sagen. Die Frau blickte ihm ins Gesicht. Dann sagte sie hell und glücklich: »David! – mein Sohn David.«

Erzählte Geschichte bei dtv junior

Erzählte Geschichte.
Die Bücher mit dem blauen Band.
Erzählungen, in denen Geschichte lebendig wird.

dtv junior 70122

dtv junior 70108

dtv junior 7361

dtv junior 70266

dtv junior 70184

Lese-Abenteuer
Abenteuer Lesen

dtv junior 70270 Ab 12

dtv junior 7351 Ab 13

dtv junior 70218 Ab 12

dtv junior 70115 Ab 12

dtv junior 70238 Ab 12

Die Bücher mit dem grünen Band für junge Menschen, für die Lesen Abenteuer ist.

dtv